Worüm sünd's weglopen?

Franz Holm

Worüm sünd's weglopen?

Erinnerungen an Stresendorf in Mecklenburg

Kindheit – Bauernflucht – Neuanfang

Bibliografische Information der Deutschen Bibliothek:
Die Deutsche Bibliothek verzeichnet diese Publikation in der Deutschen
Nationalbibliografie; detaillierte Informationen sind im Internet über
‹http://dnb.ddb.de› abrufbar.

© 2006 Franz Holm
Herstellung und Verlag: Books on Demand GmbH, Norderstedt
ISBN 3-8334-3993-9

Inhalt

Vorwort

Liebe Leser, als ich vor 70 Jahren in Stresendorf im fernen Mecklenburg geboren wurde, habe ich mir nicht träumen lassen, einmal in Schermbeck am Niederrhein Wurzeln zu schlagen. Der Weg dahin war weit. Manche Enttäuschung lag dazwischen. Ich lernte Land und Leute kennen und gewann neue Freunde, manchmal leider auch die falschen.

Oft dachte ich zurück an meine Heimat, an meine Kindheit und Jugendzeit. Damals, in der Geborgenheit meiner Heimat, hatte ich oft Fernweh. Ich dachte an ferne Länder, wollte Land und Leute kennenlernen. Ich träumte von Abenteuern und Entdeckungsreisen.

Dann, 1953, wurde ich jäh aus allen Träumen gerissen. Mit der Flucht in die Bundesrepublik begann ein neuer und harter Lebensabschnitt. Nun lernte ich Land und Leute kennen. Zuerst mußte ich meine Existenz sichern, mußte wieder ganz von vorne anfangen. In Mülheim a. d. Ruhr fand ich eine zweite Heimat. Von Mülheim nach Schermbeck war noch ein weiter Weg. Es dauerte noch einmal 25 Jahre.

Oft gingen meine Gedanken den Weg wieder zurück in meine alte Heimat, zu meinem kleinen Stresendorf. Noch immer liebe ich dieses kleine Dorf mit den großen Bauernhöfen, umgeben von Wiesen, Feldern und Wäldern. Wäre nicht inzwischen eine feste Straße gebaut worden, könnte man von einem vergessenen Dorf sprechen. Und dennoch weisen geschichtliche Ereignisse darauf hin, daß dieses kleine Dorf schon über 600 Jahre alt ist.

1978 kauften meine Frau und ich ein Haus in Schermbeck. Im Gegensatz zu mir fühlte sie sich sofort heimisch. Ausschlaggebend war dabei wohl unser Haus. Nach dem Motto »klein aber mein«. Auch unsere Kinder hatten zunächst ihre Eingewöhnungsschwierigkeiten, die sich aber schnell legten. Längst sind sie außer Haus, und der Jüngste auf dem elterlichen Hof in Stresendorf.

Hiermit will ich nun den kleinen gedanklichen Rückblick abschließen.

Beim Schreiben dieses Buches »Worüm sünd's weglopen« denke ich auch an die vielen Landsleute, die 1953 bei der »großen Bauernflucht« den gleichen Weg gegangen sind und vielleicht manches in ähnlicher Form erlebt haben.

Ich muß mir das einmal von der Seele schreiben, weil ich meine, daß dieser Lebensabschnitt nach 15 Jahren Wiedervereinigung allmählich in Vergessenheit gerät. Vielleicht kann dieses Buch dazu beitragen, daß dieser Abschnitt der deutschen Geschichte nicht so schnell vergessen wird und in Erinnerung bleibt.

Dieses Buch widme ich meinen Eltern, meiner Frau und meinen Kindern Birgit, Volker und Thorsten.

Schermbeck, den 20 Juli 2005
F. Holm

Naturgeschichtliche Einführung

Wenn man über die A 24 von Hamburg in Richtung Berlin fährt, blickt man ein paar Kilometer hinter der Raststätte Stolpe, in Höhe der Abfahrt Parchim-Ziegendorf, auf ein großes Tal, das Löcknitztal. Es entstand während der letzten Eiszeit vor etwa 15 000 Jahren. Der Sonnenberg bei Parchim und die Ruhner Berge bei Marnitz umschließen dieses Tal halbkreisförmig in einer Länge von 15-20 km.

Während der Saale-Weichsel-Eiszeit rückten die Gletscher aus dem Norden mehrmals vor. Zuletzt als Endmoräne, wodurch die Ruhner Berge entstanden. Auf ihrem Weg dorthin lagerten sie eiszeitliche Gesteine:»Kies, Sand, Ton, Geschiebe und Gerölle ab und schufen so zahlreiche Geländeformen.« Diese sind auch heutzutage noch vielerorts in Mecklenburg auszumachen (vgl. Werner v. Bülow: Mecklenburg-Vorpommern – ein Geschenk der Eiszeit, cw Verlagsgruppe). Weiter heißt es:»Vor 17 000 Jahren war bei uns das letzte Eis verschwunden. ... Erst allmählich kamen die Pflanzen und anschließend die Tierwelt zurück.«

Beim Abschmelzen der Gletscher riß das abfließende Schmelzwasser Sand und Gesteinsmassen mit sich und lagerte alles in südwestlicher Richtung, dem Löcknitztal, wieder ab. Von den vielen Bächen, die in den Ruhner Bergen entspringen, waren es vor allem die beiden Quellflüsse der Löcknitz, die für die umliegenden Dörfer, Poltnitz, Karrenzin, Wulfsahl, Stresendorf und Ziegendorf, von Bedeutung waren, bzw. noch sind. Die östliche Löcknitz fließt in Richtung Ziegendorf, dann durch die Wiesen in Richtung Löcknitz und Dambeck. Die westliche Löcknitz fließt über Poltnitz nach Karrenzin, durchfließt dann die Wulfsahler und Stresendorfer Bauernwiesen, dann weiter durch den Möllenbecker Wald in Richtung Balow.

Die Stresendorfer Bauernwiesen waren vor der Melioration sehr naß und hinter dem großen Mittelgraben zum Bach hin sumpfig. Störche fanden seit Menschengedenken reichlich Frösche und Insekten. Es brüteten der große Brachvogel, die Bekassine, der Kiebitz und andere Sumpf- und Wiesenvögel. Und die Löcknitz, oder Plattdeutsch »de Bäk«, die sich in Mäandern durch die Wiesen schlängelte, war Lebensraum für Muscheln, kleine Flußkrebse, Aale, Karpfen, Bräsen, Hechte, Plötze, Neunauge und jede Menge Stichlinge.

Der Eisvogel fand reichlich Nahrung. Gelegentlich konnte man ihn auf dem Brückengelände über dem Bach nach Mühlheide beobachten. Im Zuschlag brütete der scheue Schwarzstorch, und frühmorgens hörte man den Schrei des Kranichs, der im Herzfelder Moor brütete.

Hügelgräber im Möllenbecker Wald aus der Bronzezeit weisen darauf hin, daß hier auch schon 1 000 Jahre v. u. Z. Menschen wohnten bzw. jagten. So fand mein Sohn Thorsten auf dem Ziegendorfer Acker einen Mahlstein, der auf drei Seiten vom vielen Mahlen abgeschliffen war. Und mein Nachbar, leider verstorben, fand auf unserem Acker am Herzfelder Kirchweg beim Pflügen während der LPG-Zeit ein Gegenstück, einen Granitstein mit ausgeschliffener Mulde.

Der Burgwall an der Löcknitz bei Wulfsahl stammt aus der Wendenzeit, 600-1200 u. Z. Auch bei Marnitz und bei Brunow gibt es Burgwälle, die auf die Wendenzeit hinweisen. Nachdem Heinrich der Löwe die Wenden besiegt hatte, folgte nach und nach die Besiedelung, in unser Gebiet vielfach durch die Westfalen. Die Dörfer sind in der Regel viel älter, als es die alten Urkunden ausweisen. Stresendorf wird 1389 erstmals urkundlich erwähnt (vgl. Kapitel »600 Jahre Stresendorf«).

Stresendorf, ein altes Bauerndorf

Erstmalig wird es urkundlich erwähnt im Jahre 1389, vgl. dazu den Abschnitt »600 Jahre Stresendorf«.

Das Dorf ist ein Rundling. Kreisförmig liegen die Höfe (ehemals zehn Hufen) um den Teich (zugeschüttet) und den Dorfplatz mit dem Glockenturm (vgl. Abb. 4).

Unsere Gegend wurde wahrscheinlich von Westfalen aus besiedelt. Vom Herzog beauftragte Lokatoren warben Siedler an und führten sie mit Pferd und Wagen, Hausrat, Saatgut und Vieh in unser dünn besiedeltes Land. Sie rodeten den Wald, legten Dörfer an, und jeder Siedler erhielt eine Hufe. Der Dorfschulze bekam für seine zusätzliche Tätigkeit den Schulzenacker dazu.

Im 18. Jahrhundert kamen vier Büdnerstellen hinzu. Von den zehn Hufen war die Hufe Nr. 6 schon Ende des 18. Jahrhunderts aufgeteilt worden. Daraus entstanden zwei Büdnerstellen. Im 20. Jahrhundert kam dann die Häuslerreihe dazu. Nach Aussage von Fritz Ehlert sei das der ehemalige Schulzenacker.

Der älteste Hofbesitzer war Jochim Tilse (heute Geu), Hufe Nr. IX. Im Amtsregister von Neustadt steht er 1665 beim Wechsel der Hufe an Stelle des Vaters. Ein Jürgen Holm wird erstmalig 1690 als Hufner in Stresendorf in einem Auszug aus einem Amtsinventar des Amtes Neustadt genannt. Zu den Bauern gibt es eine »Burenregel ut Stresendorp«.

Der bei den Hufen mit der Nummer eins beginnende Bauer war Holm. Alle anderen folgten entsprechend der Hufennummer, vermutlich im Uhrzeigersinn.

Das Pflugrad bei Nerger soll ausdrücken, dass er bereits einen modernen Pflug verwendete. »Poggen zum Markt fahren« bedeutet, daß er mit Wertlosem dorthin fuhr. Zeit: um 1930 ???

»Burenregel ut Stresendorp«

Holm ritt up'n Bessenstähl,
Gerhrk slät de Katt to väl,
Gienk kickt övern Tun
un schüürt sik dat Noorslock brun,
Gienk, dei Möller, de mahlt,
Klähn, de proahlt,
Nerger's Plauchrad löppt,
Holz führt mit Poggen tau Markt,
Geu rüttelt in't Stroh,
un Kopplow möckt dat äbenso.

Nergers alter Viehstall, Juli 1975

Der Storch fand hier immer genug Nahrung, Juni 1985
Gienckes Koppel hinter dem Bach, nebenan Gehrkes Koppel

Die Drift nach Grünheide, li. Nergers, re. Gienckes Koppel

Vom Glockenturm in Stresendorf

Wenn man über Stresendorf etwas schreibt, gehört der Glockenturm einfach dazu. Er hat seine eigene Geschichte. Bis in die 60er Jahre konnte er sich noch im gegenüberliegenden Teich spiegeln, aber der ist leider dem Sozialismus zum Opfer gefallen. Als Kinder spielten wir in dem Turm Verstecken, oder wir kletterten in ihm herum. Die Tür war stets unverschlossen, damit beim Ausbruch eines Feuers jeder Zutritt hatte und Alarm läuten konnte. Zweimal am Tag, morgens und abends, wurde die Glocke geläutet. Dann diente sie als Betglocke. Oben im Gebälk brütete der Steinkauz, der durch die Schallöcher im Fachwerkgemäuer ungehindert Zutritt hatte. Nachts schrie er dann sein schauriges Kuiwitt, Kuiwitt, das sich anhörte wie »komm mit, komm mit!« Wenn er besonders häufig schrie und die Schreie in einem »Gelächter« endeten, munkelte man: »Bald stirbt einer.«

Der Glockenturm diente aber auch als Treffpunkt. Tagsüber trafen sich an ihm die Kinder. Abends und an Sonntagen waren es die Großen, die zum Schnack und zum Klönen zusammenkamen, oft wurde dann auch gesungen, und so manche Freundschaft bahnte sich hier an.

Im Eichenbalken über der Tür ist noch heute die Jahreszahl der Erbauung »Anno 1791« zu erkennen. In alten Kirchenunterlagen heißt es: »Eine Filialkapelle bestand ehedem in Stresendorf; sie ging vermutlich im 30jährigen Krieg unter. Kirchhof und Glockenstuhl sind noch vorhanden; die beiden Glocken sind Eigentum der Dorfgemeinde Stresendorf und dienen ihr als Bet- und Feuerglocken, dagegen muß zu ihrer Benutzung als Scheide- und Sterbeglocken der Herzfelder Pastor jedesmal vorher schriftlich seine Zustimmung geben.« Weiter heißt es: »Von der ehemaligen Kapelle zu Stresendorf sind zwei Glocken übriggeblieben, eine ältere von 1518 und eine jüngere von 1704.«

Die größere Glocke wurde im Krieg 1942 von der Reichsstelle für Metalle abtransportiert und zu Munition eingeschmolzen. Wie Stresendorf nun zu seinem schiefen Glockenturm kam, kann der Leser der »Sage vom Glockenturm in Stresendorf« entnehmen:

Hinter dem großen, tiefen Wald, der Stresendorf im Westen umgibt, liegt das kleine Menzendorf, das einem v. Treuenfels gehört. Das ist vorzeiten ein großer, blühender Ort mit einer stattlichen Kirche gewesen. Nach dem dreißigjährigen Krieg aber standen nur noch wenige Häuser, etwa so viel, wie man heute sieht. Alles andere versank in Schutt und Asche. Über die verwüsteten Stätten wuchs Gras, auch da, wo die herrliche Kirche gestanden hatte.

Die Geschichte weiß von alledem nichts. Hier ist der Boden für die Sage, die in den Herzen der Bewohner weiterlebt, die Väter den Kindern und diese einst wieder ihren Nachkommen überliefern.

Die Glocken des Menzendorfer Gotteshauses waren nicht auf schwedische Art verwertet; wo sie geblieben, wußte niemand, die es wohl gewußt hatten, waren tot.

Nach Jahr und Tag weideten Bewohner von Herzfeld und Stresendorf ihr Vieh an der Stätte, wo einst das verschwundene Dorf gelegen haben sollte.

Hirtenjungen, die Trünnel spielen, hören von der Erde her, als der Trünnel anstößt, ein feines Klingen. Sie laufen hinzu und finden beim Scharren eine Glocke und bald nicht weit davon in der Erde eine zweite. Die Freude über den Fund ist groß. Sie berichten schleunigst darüber nach ihren Dörfern, wobei natürlich die Größe der Glocken stark übertrieben wird. Herzfeld liegt am nächsten und erfährt zuerst davon. Ein Wagen wird mit vier kräftigen Gäulen bespannt. In vollem Jagen erreicht man die Fundstätte und freut sich laut lärmend, daß man den Stresendorfern zuvorgekommen ist.

Aber in Herzfeld wohnen gottlose Leute, und der Knecht, der

das Gespann lenkt, ist einer davon. Er flucht nach Gewohnheit auch bei dieser Gelegenheit. Als die Glocken aufgeladen sind, knallt er übermütig mit der Peitsche und sucht die Pferde zur Eile anzutreiben in Dreiteufelsnamen.

Das hätte er bleibenlassen sollen. Die Gäule reißen und zerren an den Strängen, daß ihnen der Schaum kommt – das Gefährt aber ist nicht von der Stelle zu bringen, so viel der Kutscher wettert, und die Glocken müssen wieder abgeladen werden. Natürlich weiß niemand eine Erklärung für diesen Vorgang. Alle stehen ratlos da.

Inzwischen sind die Stresendorfer herangekommen. Sie bringen einen leichten Bretterwagen mit, den zwei schwerfällige Ochsen ziehen.

Man läßt die Stresendorfer ruhig gewähren, als sie die Glocken aufladen. Man weiß ja schon, wie es ihnen gehen wird. Mit dem metallenen Fund ist es nicht geheuer.

Die Stresendorfer sind fromme Leute, und auch der Fuhrknecht waltete seines Amtes als guter Christ. Bedächtig setzt er sich auf den Wagen und wünscht sich glückliche Fahrt in Gottes Namen und – ohne Anstrengung ziehen die beiden Ochsen die teure Last heimwärts.

Da machten die Herzfelder die Nasen lang; die Stresendorfer aber wußten sich vor Glück kaum zu fassen. Mag das ein sonderbarer Einzug gewesen sein!

Können die Kinder Israel mehr gejauchzt haben, wenn die Bundeslade durchs Lager getragen wurde, als die friedlichen Bewohner des Dorfes, von dem ich erzähle, bei der Ankunft der beiden Kirchenglocken?

Viele sind dem Gefährt schon weit entgegengegangen. Sie erfuhren von dem Wunder, das geschehen war, und liefen zurück und erzählten's weiter, und des Staunens war kein Ende. Die Kindlein rissen die Mäuler auf und vergaßen, die Nasen zu putzen, und selbst die älteste Großmutter trat unter dem schwarzen Swibbagen des alten Räucherkatens hervor, und mancher Kessel, der über dem von Kiefersprok genährten Herdfeuer auf fester Kette hing, kochte über.

In aller Eile mußte unser Glockenturm gebaut werden. Er ist auch danach geworden. Aber was schadet das: es ist doch ein Turm und somit eine würdige Stätte für Glocken, die nun mal in einen Turm gehören. Und als das erste Läuten über die Straße, den Teich, die zerfallenen Felsenmauern in die alten Bauernhäuser und weiter über Feld und Wald klang, da lag tiefe Andacht ringsumher auf allem.

So ist Stresendorf zu seinen Glocken und dem schiefen Glockenturm gekommen.

Der Glockenturm – Wiedersehen in Stresendorf, Aug. 1975

Tauwetter

Die Löcknitz, unsere Bäk, hatte sich in einen wilden Fluß verwandelt. Sie konnte die abtauenden Schneemassen auf ihrem Weg von den Ruhner Bergen nicht in ihrem Bett halten. Der Schnee war bis in den März hinein liegengeblieben. Seit ein paar Tagen war Tauwetter. Dei Burwischen zwischen Stresendorf und Wulfsahl standen dann immer unter Wasser. Bei Möller Giencke verengte sich der Bach an der alten Staumauer der ehemaligen Wassermühle. Dann schossen die Wassermassen über die Felsbrocken unterhalb des alten Wehrs und spritzten hoch auf. Das Rauschen hörten wir noch auf unserem Hof, der Hufe I, mitten im Dorf. Meine Vorfahren wohnten hier schon ab 1680.

Der Frühling hatte 1941 lange auf sich warten lassen. Jetzt drängte er mit Macht. Die Sonne leckte die letzten Schneereste aus den Böschungen. Nur wo der Schnee unter den Fußstapfen festgetreten worden war, lag noch Glatteis.

Am Sonntagnachmittag gingen meine Eltern, Walter und Frieda Holm, mit mir und meinem Bruder Jürgen nach Locknitz zu Oma und Opa Bruhn zum Kaffeetrinken. Auf dem Glatteis rutschte ich andauernd aus, deshalb ging ich an der Hand des Vaters. Mein kleinerer Bruder hielt sich an der Hand der Mutter fest. Als wir vor dem Silverbuck über die Brücke gingen, war der Bach schon randvoll. Das Wasser zwängte sich unter dem Rundbogen, der aus Ziegelsteinen gemauerten Brücke, hindurch.

Es war spät geworden bei Oma und Opa. Als wir auf dem Rückweg wieder an die Brücke kamen, war der Bach über die Ufer getreten. Die Brücke konnte das Wasser nicht mehr fassen. Es floß links und rechts an ihr vorbei. Nur die Wölbung und das Brückengeländer ragten noch aus dem Wasser. Da mein Vater langschäftige Stiefel anhatte, versuchte er, durch das Wasser zu waten, um die andere Seite zu erreichen. Es gelang ihm. Dann kam er wieder zu uns zurück und sagte, daß unter dem Wasser noch Eis wäre.

Meine Eltern Walter u. Frieda Holm u. die Kinder Franz u. Jürgen,
1938/39

»Es ist zu gefährlich, euch rüberzutragen!« sagte er. Dann brachte er uns wieder zurück nach Löcknitz und ging allein nach Hause. Am nächsten Tag holte uns Onkel Albert, sein Halbbruder, mit dem Kutschwagen ab. Das Wasser war etwas zurückgegangen, so daß die Pferde durchkamen.

Die Tage danach wurde es schnell wärmer, und die Weidenkätzchen fingen an zu blühen. Wir Kinder fingen an, die lästigen Strümpfe, die an einem Leibchen mit einem Gummiband befestigt waren, herunterzukrempeln. Bald reichte auch das nicht mehr, und ich fragte, ob ich nicht barfuß laufen dürfe. Das wurde natürlich zu diesem Zeitpunkt verboten, weil die Erkältungsgefahr zu groß war. Ich zog aber trotzdem heimlich die Schuhe und Strümpfe aus und bekam von meinem Vater eine gehörige Tracht Prügel mit einem Haselnußstock. So war das früher und man sagte: »Dei daun di in dei achtziger noch gaud!«

Die ehemalige Wassermühle von Möller Giencke

Die Dorfschule in Stresendorf

Die Dorfschule in Stresendorf bestand nur aus einem einzigen Klassenraum. Die Sitzbänke mit verschiebbarem Schreibteil standen in Reihen hintereinander. Zum Schreiben mußte man die feste Platte zu sich heranziehen. Dann kam man auch an das eingebaute Tintenfäßchen, und man konnte die Schreibfeder oder den Griffel ablegen.

Auf der Giebelseite nach Osten befanden sich drei große Fenster, durch die man auf einen Akazienbaum und etwas weiter auf einen kleinen Weiher schauen konnte. Im Frühjahr schwammen auf ihm die Enten und Gänse. Im Sommer war der Teich meistens ausgetrocknet, und im Winter liefen wir auf ihm mit unseren Schlittschuhen.

Gegenüber den Sitzbänken hing die große Wandtafel, und davor stand das Lehrerpult. An der Seite zum Hausflur stand der Kachelofen, der im Winter mit Holz und Brikett geheizt wurde. Lehrer Witt, der einzige, der im Dorf einen PKW hatte, war eingezogen worden. Sein PKW wurde für die Wehrmacht konfisziert.

So mußten wir Stresendorfer Schulkinder mit dem Lehrer Franz Geß, der in Herzfeld wohnte, vorliebnehmen.

Franz Geß ging schon auf die 60 zu. Er war aber sehr rüstig und ein robuster Mann, der sich in seinem Schuldienst durch mehrere Generationen hindurchgeprügelt hatte. Vor ihm hatten die Kinder Respekt, wenn nicht sogar Angst. Der sogenannte Rohrstock war bei uns an der Schule immer ein Stock aus Haselnuß geschnitten, der immer grün und frisch blieb, weil er nie alt wurde. Aber dazu später mehr.

Im Herbst 1941 kam ich mit Erwin Schult, Ilse Brinkmann und Ursula Brinkmann in die erste Klasse. Insgesamt waren wir an die 30 Schüler. Es war eine einklassige Schule. Alle acht Klassen wurden mehr oder weniger zusammen unterrichtet.

Erstaunlich ist schon, daß dabei auch noch allerhand gelernt wurde. Während die eine Gruppe, zumeist zwei bis drei Jahrgänge, zusammengefaßt wurde und etwas abschreiben mußte, hatte die 5. und 6. Stufe Rechenaufgaben zu lösen. Währenddessen beschäftigte sich der Lehrer mit der 7. und 8. Klasse mündlich in Geschichte bzw. Erdkunde, was mich schon immer sehr interessierte. Einer der guten Schüler aus der 7. oder 8. Klasse durfte dann den Erst- und Zweitkläßlern beim Lesen und Rechnen helfen.

Wir vier Erstkläßler fingen mit der Sütterlinschrift an. Ich erinnere mich noch an einzelne Buchstaben und Silben. Nach einem halben Jahr war Schluß mit Sütterlin. Adolf hatte es verboten, weil Sütterlin ein Jude war. Deshalb kann ich auch heute die Deutsche Schrift, wie man auch dazu sagte, nur beschwerlich lesen. Beim Studium des alten Hofübergabeprotokolls durch Großherzogliche Beamte aus dem Jahr 1841 hätte ich es gut gebrauchen können.

Wir fingen also wieder von vorne an und lernten nun die Lateinische Schrift.

Ein paar Vorkommnisse aus der Schulzeit will ich nun doch noch erwähnen, die mich sehr beeindruckt haben. Es war ein herrlicher Sonntagnachmittag. Die Sonne brannte heiß, und wir Jungen wollten im Zuschlag eine Hütte bauen. Alle waren begeistert, nur Erwin Schult wollte nicht mitkommen. Er war schon immer etwas querköpfig. Wir konnten machen, was wir wollten, es half nichts. Auch ein paar kräftige Ohrfeigen halfen nicht weiter. So nahmen wir ihn auf die Schultern und schleppten ihn in den Wald, aber er wollte nicht und tobte. Deshalb ließen wir ihn wieder gehen.

Als wir am Montag in die Schule kamen, fehlte Erwin. Wir ahnten nichts Gutes. Um halb zehn klopfte jemand an der Tür. Franz Geß ging raus, und wir hörten die Stimme von Frau Schult. Mit rotem Kopf kam Lehrer Geß wieder herein und fragte:»Wer hat gestern den Erwin so verprügelt, wer war dabei?« Es war mucksmäuschenstill. Keiner sagte was. Natürlich wollte es keiner gewesen sein. Dann fragte er:»Wer war gestern von den Jungen nicht im Dorf?« Da meldete sich Werner Hahn: »Ich war gestern mit meinen Eltern in Eldena.« Damit war die Sache klar. Nach und nach mußten die Jungen einzeln nach vorne kommen. Lehrer Geß nahm dann den Kopf des Schülers zwischen die Beine und mit dem Haselnußstock drosch er auf das Hinterteil, bis der Stock zerbrach. Nun mußte ein Schüler einen neuen Stock schneiden, und die Schlacht ging weiter. Manche schrien fürchterlich, und alle mußten es mitansehen.

Es war wirklich Schwerstarbeit für den Lehrer. Da ich erst im ersten Schuljahr war, bekam ich nur drei Hiebe, die aber hinzogen. Während meiner Lehrertätigkeit habe ich oft an diese Szene gedacht, wenn einige Schüler allzu frech wurden. So etwas wäre heutzutage unvorstellbar. Geprügelt wurde damals häufig. Wenn einer die Schulaufgaben nicht gemacht hatte, oder wenn einer nicht gelernt hatte oder ein Gedicht nicht richtig aufsagen konnte, hieß es»Raustreten!« Da ich gut lernen konnte und fleißig Hausaufgaben machte, blieb ich weitgehend verschont.

Aber einmal, es war gegen Ende des Krieges, brachten wir Herrn Geß doch in arge Bedrängnis. Gewöhnlich kam er mit dem Fahrrad von Herzfeld über den Kirchweg nach Stresendorf. Häufig kam er zu spät. Manchmal eine halbe Stunde und mehr. Einmal übertrieb er es, und unsere Geduld war am Ende. Es war schon neun Uhr und immer noch nichts von ihm zu sehen. Wir guckten an der Ecke bei Wolgast immer wieder den Kirchweg hinunter, aber nichts war zu sehen. Dann beschlossen wir, abzuhauen. Alle machten mit, keiner traute sich, nein zu sagen. Die Schule lag am Dorfrand. Direkt neben dem Turnplatz hinter der Schule begannen die Felder und die Bauernwiesen. Wir nahmen die Tornister, und ab ging's bei Heinrich Giencke durch die Koppel, dann over dei Bäk und hinter einen Knick.

Dort spielten wir, machten Gesellschaftsspiele und blieben bis zum Mittag. Etwas flau im Magen gingen wir dann zurück zur Schule. Lehrer Geß wartete schon. Er unterhielt sich mit einer Frau aus dem Dorf, die mit der ersten Gartenarbeit anfing. Es muß also so Anfang April gewesen sein. Keiner wußte, wo wir geblieben waren, keiner hatte uns gesehen. Diesmal verhielt sich unser strenger Lehrer ganz anders als sonst. Er hielt uns eine »Gardinenpredigt« und verordnete Strafarbeit, seitenlanges Abschreiben, gestaffelt nach Jahrgangsstufen, je älter, desto mehr. Damit war die Sache für ihn vergessen. Wir Schüler von damals reden allerdings manchmal heute noch davon.

Auf dem Schulhof 1944: von li. H. Reinhard, Jürgen Holm, Friedhelm Dümmen, Franz Holm, Jörg Dümmen, Helga Dümmen (Reinhardts u. Dümmens waren evakuiert aus Mönchengladbach.)

Klassenfoto von 1949 – alle Schüler wurden zusammen in einem Klassenraum unterrichtet.

Das Dorfleben in den Kriegsjahren

Die ersten Gefallenen ließen nicht lange auf sich warten. Mein Vater war einer der ersten. Er fiel schon im November 1941 als Gefreiter der Infanterie im Rußlandfeldzug vor Groß-Stantinowka bei einem Spähtrupp für Führer und Reich, wie es hieß. In seinem letzten Brief schrieb er, daß sie schon die Türme von Moskau sehen könnten, und daß der Winter sie eingeholt habe. Der Russe schieße in die Baracken hinein, und einige Kameraden seien schon gefallen.

Ende November fuhr meine Mutter mit dem Fahrrad nach Grabow. Auf dem Rückweg spürte sie ein starkes Stechen in der Brust. Für einen Moment blieb ihr die Luft weg. Wie sich später herausstellte, war es der Todestag meines Vaters.

Am 9. Januar 1942 kam dann die Nachricht vom Kompaniechef, daß mein Vater im Kampf für Führer und Reich gefallen sei. Als ich mittags von der Schule nach Hause kam, weinten alle. Es war schrecklich. Gegend Abend war meine Oma verschwunden. Sie war nach Mühlheide gelaufen, wollte in ihrem Schmerz alleine sein. Meine Mutter war untröstlich. Sie wurde regelrecht krank, hatte Herzschmerzen und legte sich sechs Wochen ins Bett. Nur wir Kinder, Jürgen und ich, gaben ihr den Lebensmut zurück. Bald danach kam ein kleines Päckchen mit dem Nachlaß meines Vaters: das Eiserne Kreuz 2. Klasse, das Infanteriesturmabzeichen in Silber und sein Portemonnaie. Mein Bruder und ich waren sehr stolz auf diese Auszeichnungen, aber viel lieber hätten wir unseren Vater wiedergehabt.

Die ersten Kriegsjahre waren schlimm für meine Mutter. Jetzt stand sie da mit uns zwei kleinen Kindern und dem Bauernhof, auf den sie als Büdnerstochter aus Löcknitz eingeheiratet war. Wenn meine Großeltern nicht dagewesen wären, weiß ich nicht, wie es weitergegangen wäre, aber es ging weiter.

Zunächst kriegten wir einen polnischen Arbeiter. Er hieß Josef und mußte ein P auf einem gelben Feld an der Jacke tragen. Er war ein guter Mensch. Bei Kriegsende flüchtete er mit uns, als die Russen kamen. Außer Josef bekamen wir noch Rosa, eine Volksdeutsche aus Polen, die gebrochen deutsch sprach. Sie war nicht lange bei uns, hatte bald eine Fehlgeburt und mußte zurück nach Polen.

In den letzten Jahren kam noch Petreck, auch ein Pole. Und das letzte Jahr kam die Anna aus der Ukraine. Sie war erst 18 Jahre alt und hatte Läuse. Da Anna auch im Haushalt half, steckte sie meine Mutter damit an, zumal meine Mutter ihre langen blonden Haare in einen Zopf flocht und danach zu einem runden Dutt steckte, wie es damals viele Frauen trugen.

Annas Läuse waren ziemlich hartnäckig, deshalb wusch meine Mutter Annas Kopf zusätzlich mit Petroleum und kämmte mit einem Läusekamm die Nissen aus dem langen Haar.

Der Krieg schritt zunächst von Höhepunkt zu Höhepunkt. Die Siege wurden durch Hitlers Sprachrohr, den Volksempfänger, den jeder Deutsche in der Stube hatte, mit lauter Marschmusik voran angekündigt. Die Todesbenachrichtigungen der Familien in den Dörfern stiegen ebenfalls in die Höhe. Alle Bauern hatten jetzt polnische Arbeiter im Dorf. Sie schliefen auch bei den Bauern, in Knechtkammern am Stall, die Frauen in Dachkammern im Haus. Nur mit den Bauersleuten am gleichen Tisch essen durften sie nicht. Dann bekam man Schwierigkeiten bei Kontrollen, oder wenn jemand einen anzeigte. Aber wir hielten uns nicht immer daran. So durften »unsere« Polen auch mit in die Stube, wenn es im Winter in der Küche zu kalt war.

Onkel Lorenz hatte es mal wieder geschafft, Urlaub zu bekommen. Eine schnelle Verlobung half dabei etwas nach. Meistens ging es danach wieder in die Brüche. Irgendetwas hatte er diesmal Oma und Opa erzählt, was ich nicht wissen durfte.

Onkel Lorenz fuhr bald wieder an die Front. Eine Woche später besuchte uns ganz überraschend ein älterer Herr aus Berlin-Lichterfelde. Und da auf einem Bauernhof tagsüber niemand

Zeit für einen Besucher hat – übrigens ist das auch noch heute so – mußte ich mich mit ihm beschäftigen. Ich nahm ihn mit zur Ihlwisch, der Erlenwiese auf den Stücken. Das war das letzte nasse Stück am Graben vor dem Möllenbecker Wald. Dort weideten drei große Sterken, die ich jeden Tag tränken mußte. Mit einem kleinen Eimer an einem langen Strick holte ich das Wasser aus dem Brunnen und füllte den Trog voll. Danach zeigte ich ihm den Wald, und wir pflückten noch ein paar Bickbeeren (Blaubeeren) zum Naschen.

Nach zwei Tagen fuhr der freundliche Herr wieder nach Berlin. Kurze Zeit später bekamen wir ein Paket. Für mich war da ein wunderschönes Märchenbuch, bunt illustriert, dabei. Es war mein erstes Märchenbuch, und meine Mutter las uns beiden Brüdern so manches Mal daraus vor. Leider ist es nach dem Krieg verlorengegangen. Ein paar Süßigkeiten, damals eine Seltenheit, und ein Brief waren auch dabei. Darin stand unter anderem, er sei sehr beeindruckt gewesen, daß so ein kleiner Junge mit aller Selbstverständlichkeit die großen Sterken mit einem Eimer getränkt habe. Nach dem Krieg erfuhr ich auch den Grund seines Besuchs. Sein Sohn hatte Fahnenflucht begangen und war standrechtlich erschossen worden. Und da er in der gleichen Einheit, in der auch Onkel Lorenz war, gedient hatte, wollte der Vater Genaueres wissen.

Marcel, hast du meine Aante nicht gesehen?

Weihnachten 1943 reisten meine Mutter, Jürgen und ich nach Peckatel zu Tante Dora und Onkel Karl. Damals gab es noch die Bahnverbindung von Parchim über Waren an der Müritz nach Penzlin und weiter nach Neu-Brandenburg. Nach 1945 wurde diese Strecke von den Russen demontiert. Die Bahnfahrt war für uns Jungen unheimlich interessant. Wir fuhren durch die herrliche Moränenlandschaft Mecklenburgs mit ihren schilfbewachsenen Seen und vielen Hügeln. In Waren lag eine Marineschule an der Müritz mit Schiffen und Wasserflugzeugen. Jürgen und ich waren ganz aus dem Häuschen.

In Penzlin wartete schon Marcel, der als französischer Kriegsgefangener bei Onkel Karl arbeitete, mit dem Pferdewagen. Jeder von uns hatte ein Gepäck zu tragen. Als wir fast am Wagen waren, rief mein Bruder:»Ick mütt mal ut dei Büchs!« Dann lief er zurück zum Bahnhof. Als er wiederkam, hatte er»seine« Ente vergessen. Wir rannten zurück in den Bahnhof, aber sie hatte schon einen»Liebhaber« gefunden. Als wir wieder zurückgingen, fragte Jürgen:»Marcel? Hast du meine Aante nicht gesehen?« Aber der konnte auch nicht helfen. Jahre später haben wir noch über dieses Malheur gelacht.

Onkel Karl hatte über die Festtage Urlaub bekommen. Lange konnten wir nicht bleiben, nur über die Festtage. Direkt nach Weihnachten sollte es wieder zurückgehen. Früh am Morgen mußten wir am Bahnhof sein. Als Onkel Karl morgens aufstand und die Pferde fütterte, war draußen Schneegestöber, aber er wußte sich zu helfen. Er stellte den Kastenwagen rundum mit Strohbunden voll. Zum Sitzen hatten wir auch Strohbunde und dicke Wolldecken. So kriegten wir vom Schneesturm wenig mit, nur Onkel Karl, der fahren mußte, und die beiden Pferde taten uns leid. Wir schafften es gerade noch. Kurz danach fuhr der Zug im Bahnhof ein. Dann rauschten wir heimwärts.

Der erste Bombenalarm

Der Krieg nahm seinen Fortgang. Die ersten Jahre bekamen wir nicht viel davon mit. Abgesehen davon, daß immer mehr junge Männer fielen oder vermißt gemeldet wurden. So auch mein Onkel Hans, Vaters Bruder. Er war Berufssoldat, »Zwölfender«, das heißt, auf zwölf Jahre verpflichtet, und wurde als erster eingezogen.

1943 hatte er in Hinterpommern, nicht weit von der polnischen Grenze entfernt, ein Bauernmädchen geheiratet. Er hatte Tante Elli über ihren Bruder, der mit ihm in der gleichen Einheit in Rußland diente, bei einem Kurzurlaub von der Front kennengelernt. Im Sommer 1943 war Hochzeit. Ich durfte mit Oma und Opa Petersen mit zur Hochzeit fahren. Es war eine lange Bahnfahrt, und der Zug war total überfüllt mit Soldaten und Reisenden. Über Stettin, Kolberg ging es bis Schlochau, von dort weiter nach Flötenstein, wo wir mit dem Pferdewagen abgeholt wurden.

Auf dem Rückweg nach Mecklenburg bekamen wir im Stettiner Bahnhof zum erstenmal in meinem Leben Fliegeralarm. Der Bahnhof war schon ein paarmal bombardiert worden. Davon zeugten tiefe Bombentrichter. Wir hatten Glück, denn es dauerte nicht lange, dann wurde Entwarnung gegeben. Wir waren froh, wieder zu Hause zu sein.

Onkel Hans kam bald wieder an die Front. Wir hörten nie wieder etwas von ihm. Seinen Sohn Klaus, der im nächsten Jahr geboren wurde, hat er nie gesehen. Ende des Jahres wurde er als vermißt gemeldet. Auch spätere Nachforschungen über das Rote Kreuz ergaben nichts anderes. Er habe mit drei Kameraden auf der Flucht vor den Russen versucht, den Dnjepr zu durchschwimmen, und die Russen hätten hinter ihnen hergeschossen; das war alles, was Oma und Opa erfuhren.

Bombergeschwader über Mecklenburg

Im Sommer 1943 und besonders 1944 nahmen die Überflüge der amerikanischen und britischen Bombergeschwader in Richtung Reichshauptstadt beträchtlich zu. Sie flogen am hellichten Tag hoch am Himmel. An klaren Tagen zogen sie weiße Kondensstreifen hinter sich her. Wir schauten gebannt in den Himmel und versuchten, die Hoheitszeichen zu erkennen. Gelbe Sterne am Rumpf und an den Tragflächen bedeuteten Amerikaner, runde Kreise und in der Mitte ein roter Punkt waren die Engländer. Sie flogen in mehreren Staffeln hintereinander Richtung Berlin. Wir machten uns so unsere Gedanken und waren froh, daß wir in Stresendorf wohnten. Auch unsere Neubürger aus Mönchengladbach, Friedhelm, Jörg und Helga, waren froh, den Bombenabwürfen auf ihre Stadt entkommen zu sein. Sie waren 1943 ausgebombt worden und wurden nach Stresendorf evakuiert. Sie wohnten jetzt mit ihrer Mutter und der Tante und deren Sohn, der in Stresendorf geboren wurde, in unserer Schule.

Weitere Familien kamen aus Rheydt und Bochum. Die Kinder hatten sich gut eingelebt, und da wir im Dorf alle Platt schnackten, lernten sie es schnell und sprachen es genauso gut wie wir. Mit Friedhelm hatte ich mich angefreundet. Wir spielten viel zusammen, und zu meinem Geburtstag durfte ich ihn einladen. Dann gab es mein Leibgericht, Reibepfannkuchen in Speckwürfeln gebraten mit Apfelmus.

Die Mütter wurden gelegentlich sonntags von meiner Mutter zum Kaffee und Kuchen eingeladen. Ansonsten waren sie einigen Dorfbewohnern nicht so sehr willkommen, was auch in der Aussage »die Bombenweiber« zum Ausdruck kam.

Badespaß und Kühe hüten

Im Sommer gingen wir Kinder, sooft es ging, zum Baden an den Bach. In Nergers Koppel befand sich ein Wehr aus Holz, das man mit Holzschotten absperren konnte. Das ging aber nur, wenn der Bach wenig Wasser führte. Ein aufgeschnittenes Jauchefaß, senkrecht im Boden verankert, diente als Sichtblende. Eigentlich war es überflüssig, denn wir badeten sowieso im Adamskostüm. Wenn mal die Mädchen kamen, sprangen wir schnell ins Wasser. Meistens hielten sie sich nicht lange auf, und wenn sie mit ins Wasser gingen, dann mit Badezeug. So lagen wir Jungen den ganzen Nachmittag am oder im Wasser. Brannte die Sonne zu heiß auf den Rücken, sprangen wir ins kalte Naß, um uns abzukühlen. Danach wärmten wir uns wieder in der prallen Sonne. Abends waren Rücken und Bauch krebsrot, und das Schlafen wurde nachts zur Qual.

In den letzten beiden Kriegssommern kamen so an die 100 Hitlerjungen aus Rostock und Ribnitz-Damgarten. Sie trugen alle Uniformen: kurze schwarze Hosen, Koppel und gelbes Hemd. Auf ihren Fahnen stand Nordmecklenburg. Sie schliefen bei Friedrich Jalaß in der Scheune. Jeden morgen marschierten sie laut singend durch das Dorf zum Frühsport. Nachmittags marschierten sie dann zum Baden in Nergers Koppel. Wir Jungen sahen dabei zu. Einer war wasserscheu. Er konnte wohl auch nicht schwimmen. Er weinte und wollte nicht hineinspringen. Dann packten ihn einige Kameraden und schmissen ihn hinein. Ertrinken konnte er zwar nicht, da das Wasser dafür nicht tief genug war, aber es dauerte einige Zeit, bis er sich wieder beruhigte.

Abends sangen sie dann beim Lagerfeuer, oder sie veranstalteten Boxkämpfe, und manch einer holte sich dabei eine blutige Nase. So wurde Hitlers letzte Reserve abgehärtet.

Bis Anfang der 50er Jahre hüteten die Stresendorfer Häusler

ihre Kühe nach altbewährter Methode. Die meisten hatten zwei Kühe, einige auch nur eine. Wenn der Kuhhirte in ein langes Horn blies, ließen die Häusler ihre Kühe aus dem Stall. Auf dem Weg durch die Häuslerreihe schlossen sie sich der größer werdenden Herde an. Dann wurden sie auf die Gemeinschaftswiese getrieben, vormittags op dei Preisterwisch, nachmittags dei Drift entlang nah Greunhee.

Die Kühe wurden von den Häuslern auch zum Beackern ihrer Felder eingespannt. Dann pflügten und eggten sie mit dem Kuhgespann das Kompetenzland, 1-2 ha, auf Grünheide. Einige hatten auch ein paar Morgen dazugepachtet. Da sie davon aber nicht leben konnten, gingen sie als Daglöhner (Tagelöhner) im Sommer und Herbst zu den Bauern und halfen bei der Ernte. Dafür bekamen sie etwas Geld. Manche ließen auch ihr Korn beim Bauern dreschen, oder sie liehen sich die Pferde zum Pflügen. Im Winter holte der Bauer das Holz für sie aus dem Wald. Einige arbeiteten im Winter auch im Möllenbecker Wald als Holzfäller für den Baron von Treuenfels, z. B. Ewald Brinkmann und Ernst Wolgast.

Im Herbst mußten mein Bruder und ich auch unsere Kühe hüten. Dann ging es auf die abgeernteten Felder, um die als Untersaat eingesäte Seradelle abzuhüten. Wir vertrieben uns dann die Zeit, indem wir Frösche fingen und versuchten, sie mit einem Strohhalm aufzublasen. Da es nicht recht gelingen wollte, ließen wir davon ab. Ein andermal machten wir uns ein Feuer aus trockenen Ästen aus den Knicks und brieten uns in der Glut Kartoffeln, entweder die eigenen auf dem Feld oder die vom Nachbarn. Die schmecken bekanntlich ja am besten. Eh man sie essen konnte, mußten sie erst eine schwarze Kruste haben. Dann war das Innere gar und schmeckte.

Ivans schwarzer Tag

An einem Sonntagnachmittag hatte sich Geus Arbeiter, ein russischer Kriegsgefangener, betrunken. Wie er an Schnaps gekommen war, wußte keiner. Er fing an zu randalieren und bedrohte die Bäuerin. Was nun?

Die Lösung war Wagenknecht, unser Gendarm aus Grabow. Mit seinem Gummiknüppel, den er wie einen Säbel am Koppel trug, wußte er gut umzugehen. In der Waschküche walkte er Ivan damit durch, so daß der sehr schnell wieder zur Vernunft kam. Danach sperrte er ihn im Wagenschuppen ein. Damit war die Sache erledigt. Aber die Bauersfrau hatte Mitleid mit ihm. Als es dunkel wurde, schob sie ihm ein paar doppelte Schnitten unter der Tür durch. Am andern Morgen war Ivan kuriert und konnte wieder arbeiten.

Aber es ging nicht immer so gut aus. In Poltnitz, ein paar Dörfer weiter, hatte sich ein junges Mädchen mit einem Polen eingelassen, was streng verboten war und als Rassenschande galt. Als ihre Beziehung durch Zufall an die Öffentlichkeit gelangte, verhaftete man das Mädchen, und der Pole wurde vor den versammelten Kameraden im Poltnitzer Wald gehenkt. Das Mädchen kam später wieder frei.

Winterspaß auf dem Dorfteich
und in den Wiesen

Wie eingangs erwähnt, trat die Löcknitz fast jedes Jahr zu Beginn des Frühjahrs über die Ufer. Auch im Spätherbst führte der Bach durch den vielen Regen häufig Hochwasser und überschwemmte die tieferliegenden Teile der Bauernwiesen östlich des Dorfes. So hatten wir im Winter eine riesige Eisfläche zum Schlittschuhlaufen und zum Schlittenfahren. Der Dorfteich fror zuerst zu, dann die überschwemmten Wiesen, zuletzt der Bach. Wenn der Bach zufror, war es wirklich kalt, nicht selten an die -20° C. An engen Stellen mit starker Strömung blieb er offen. Wenn man dann im vollen Lauf um eine Biegung kam, stand man mit den Schlittschuhen bis an die Knie im Wasser. Das war ärgerlich, weil es dann zu Hause ein Donnerwetter oder ein paar Schläge mit dem Haselnußstock auf den Hosenboden gab. Aber wir waren hart im Nehmen.

Manchmal schlichen wir auch zur Oma die Treppe hoch und trockneten unsere nassen Strümpfe am Ofen. Unsere Schlittschuhe waren nicht so modern wie heute. Es waren richtige Hackenreißer. Sie wurden an der Schuhsohle festgeschraubt. Am Absatz waren es zwei Krallen, die dem Schlittschuh Stabilität gaben. Das machten die Absätze natürlich nicht lange mit.

Außer unserem Rodelschlitten hatten wir Kinder noch einen Peik-Schlitten. Das war ein kleiner Schlitten, auf dem man gerade stehen konnte. Die vorderen Enden der beiden Holme waren nach hinten gebogen bzw. zugeschnitten, so daß man den Schuh bis zum Spann darunter klemmen konnte. Beide Holme waren durch zwei Querhölzer miteinander verbunden. Zur Fortbewegung nahm man eine Peik. Das war ein langer Stiel mit einer vom Schmied angefertigten Eisenspitze, etwa zehn Zentimeter lang. Den Stiel nahm man zwischen die Beine und stieß sich damit ab. Man konnte damit fast so schnell fahren wie ein Schlittschuhläufer. Außerdem eignete sich der »Peik-Schläden«, so nannten wir ihn auf Platt, wunderbar zum Lenken des Rodelschlittens. Den Peik-Schlitten habe ich sonst nirgendwo gesehen. Auch nach dem Krieg fuhren wir noch lange damit. Heutzutage sieht man ihn auch dort nicht mehr, eigentlich schade, denn es machte sehr viel Spaß.

Wenn das Schlittschuhlaufen und Schlittenfahren im Winter auch riesigen Spaß machte, so freuten wir uns doch auf das Tauwetter im Frühjahr, das oft erst im März einsetzte.

Das Eis wurde dann mürbe, und wir hackten große Schollen heraus und stakten von einer zur anderen. Hin und wieder brach eine durch, und wir sprangen auf die nächste. Die Schollen wurden dabei immer kleiner. Zuletzt waren nur noch die Mutigsten auf dem Eis, so auch Friedhelm Dümmen und ich. Plötzlich brach meine Eisscholle mitten durch, zur nächsten war der Abstand zu groß, so versank ich langsam bis an den Bauch im Wasser. Friedhelm hatte es auch erwischt. Seine Eisscholle war ebenfalls zerbrochen, und er war dabei hingefallen und versuchte nun, wie eine Robbe an Land zu robben, aber er kam nicht weit und fiel der Länge nach ins Wasser. Als er sich wieder aufrappelte, stand er bis an die Brust im Wasser.

Nun kam der schlimmste Teil. Es gab zu Hause Schacht und dann ab ins Bett. Das Schlimmste war, daß man für den Nachmittag nicht mehr raus durfte. Das tat am meisten weh. Für einen Stubenhocker wäre es keine Strafe gewesen, aber für mich, der sich draußen am wohlsten fühlte, war es hart.

Die ersten Flüchtlinge

Im Winter kamen Ende Januar 1945 die ersten Flüchtlinge aus den baltischen Staaten und aus Ostpreußen. Bei H. Giencke war eine Familie aus Litauen in der alten Wassermühle einquartiert worden. Die beiden Jungen, etwa 15 und 16 Jahre alt, trugen Pelzmützen wie die Russen. Auf dem Eis kriegten wir kleineren Jungs wegen der Rodelschlitten oft Streit mit ihnen. Wenn ich dann meinen Onkel, Albert Petersen, der schon 17 wurde, holte, liefen sie weg, und wir konnten weiterspielen. Wir hatten auch Einquartierung aus Lettland bekommen, eine junge Frau mit ihrem kranken Sohn Sigi und dessen Tante. Sigi bekam hohes Fieber, und der Arzt stellte Diphtherie fest. Das Fieber stieg auf 41° C und wollte nicht zurückgehen. Auch die Tabletten und Wadenwickel halfen nicht. Als das Fieber weiter stieg, starb Sigi. Er war erst vier Jahre alt. Wir weinten alle. Nun wurden alle Spiegel im Haus zugehängt, bis Sigi beerdigt wurde. Zur Beerdigung kam Sigis Onkel. Er war ein hoher Offizier der lettischen Freiwilligen-SS, die für den Führer kämpften. An seinen Revers trug er das Eichenlaub mit Schwertern als Auszeichnung im Kampf. Kurzum, er war ein zackiger Soldat. Er schaffte es auch, daß die beiden Frauen kurz darauf ins Reich verlegt wurden.

Auch Josef Klein, den Onkel Lorenz auf einen Kurzurlaub von seiner Einheit mitbrachte, konnte nicht mehr zurück in seine ungarische Heimat, weil die Rote Armee Budapest eingenommen hatte. Allmählich wurde es immer enger in Groß-Deutschland.

Ende Januar eroberte die Rote Armee Ostpreußen. Die Auswirkungen spürten wir auch bald in Mecklenburg. Immer mehr Flüchtlinge kamen nach Stresendorf. Fritz Werner war mit seiner Mutter und weiteren Angehörigen bei Irmgard Voß einquartiert worden.

Er hatte nur noch ein Pferd und konnte deshalb nicht mit

dem Treck weiter. Da bei Irmgard Voß kein Stall für ein Pferd vorhanden war, wurde es bei uns eingestellt.

Wochenlang zogen nun die Trecks von Osten über Marnitz, Ziegendorf nach Grabow und Ludwigslust und weiter nach Dömitz über die Elbe. Alle fuhren Richtung Westen. Sie wußten schon, daß dort einmal die neue Grenze zwischen den Sowjets und den Engländern und Amerikanern verlaufen sollte. Da Stresendorf zwei Kilometer abseits der Grabower Chaussee liegt, dazwischen noch der Zuschlag, ein Waldgebiet, konnte man vom Dorf die Chaussee nicht einsehen. Aus Neugier gingen wir Schulkinder oft hin und beobachteten die Trecks. Wagen über Wagen rollten an uns vorbei. Zumeist fuhren sie in Gruppen, 20-30 Wagen hintereinander. Zwei Pferde zogen den Wagen. Manchmal liefen auch Leute, ein Fohlen oder ein Hund nebenher. Die Wagen waren durchweg mit einer Zeltplane bogenförmig überspannt. Im Innern waren die nötigsten Sachen verstaut, und an den Seiten hingen hölzerne Wassereimer und manchmal auch eine hölzerne Krippe, um die Pferde bei der Rast zu füttern. Die Frauen und Kinder saßen im Innern des Wagens unter der Plane. Nur die Kutscher, zumeist ältere Männer oder große Jungen, saßen vorne auf der Sitzbank und lenkten die Pferde. So fuhren sie tagelang, wenn alles gut ging, gen Westen. Da die Rote Armee ständig weiter vorrückte, zog sich dieser Flüchtlingsstrom wochenlang dahin.

Nur gelegentlich kamen einige Wagen in unser Dorf, da es, wie bereits erwähnt, abseits der Chaussee lag. Eines Abends kamen drei Wagen in unser Dorf und verteilten sich auf den Höfen. Es schneite und es war naßkalt. Der Wagen, der zu uns auf den Hof fuhr, hatte ein kaputtes Rad. Mein Großvater nahm eins von unseren und wechselte es aus. Die Frau hatte ein kleines Kind, das stark erkältet war und versorgt werden mußte. Außerdem waren noch die Großeltern und ein weiteres Kind dabei. Wir stellten eine warme Stube und Essen zur Verfügung. Am anderen Tag fuhren sie weiter Richtung Westen.

5000 polnische Kriegsgefangene

Im Frühjahr 1945 kamen 5000 polnische Kriegsgefangene, lauter Offiziere, mit ihren deutschen Wachmannschaften, in unser Dorf. Die Kriegsgefangenen wurden im ganzen Dorf verteilt. Jeder Bauer bekam so an die 200 zugeteilt. Sie wurden in den großen Scheunen untergebracht. Ein paar Meter neben der Scheune wurde eine Latrine gebaut. Es wurde ein Graben von zehn Meter Länge ausgehoben. Am Rand wurden mehrere Pfähle eingeschlagen. Darüber wurden Holzstangen gelegt und befestigt. Ich dachte nur,oh jeh!, wenn da einer reinfällt.

Gekocht wurde in der Waschküche im großen Waschkessel. Wir lieferten Kartoffeln, Milch und Mehl, dazu Holz zur Feuerung. Brot, Butter, Speck und Eier tauschten die Gefangenen ein gegen Seife, Schokolade, Zigaretten, Parfüm usw.

Diese Sachen erhielten sie durch das Internationale Rote Kreuz. Von den Wachmannschaften erfuhren wir auch, daß sie von der Ostsee, von Kühlungsborn, herkämen und weiter nach Westen wollten. Ein paar Tage später zogen sie weiter.

Die ersten Bomben,
der Absturz eines Bombers

Anfang April 45, mein Bruder und ich waren gerade unterwegs nach Löcknitz, um Oma und Opa zu besuchen, hörten wir einen fürchterlichen Knall und Sekunden später noch einen. Den Luftzug von der Detonation spürten wir an unseren Köpfen. Von einem Flugzeug hatten wir nichts gehört und gesehen. Die Detonation hatten auch mehrere Stresendorfer, die auf Grünheide arbeiteten, gehört. Wir waren neugierig geworden und entdeckten am Abend zwei Bombentrichter im Möllenbecker Wald, in der Nähe des Bachs, etwa ein bis zwei Kilometer entfernt. Wahrscheinlich war ein sehr hoch fliegender Bomber von einem Jagdflugzeug verfolgt worden und hatte sich seiner schweren Last entledigt.

Solche Bombenabwürfe kamen auch an anderer Stelle vor, z. B. in der Nähe der Löcknitz bei Wulfsahl.

Im Frühjahr, Ende März, beobachteten wir von Stresendorf einen amerikanischen Bomber, der eine Rauchfahne hinter sich herzog und in Richtung Möllenbecker Wald verschwand. Dann sahen wir fünf Fallschirme, die in der Luft schwebten und in Richtung Ziegendorfer Büdnertannen abtrieben. Opa Petersen, unser Pole Petreck, ich und noch einige aus dem Dorf liefen nach Mühlheide, aber von den Fallschirmen war nichts mehr zu sehen. Wir sahen nur zwei Männer in Zivil mit Maschinenpistolen, die zwei von den Abgesprungenen gefangen genommen hatten und sie nach Wulfsahl zur Sammelstelle brachten. Wir Stresendorfer suchten weiter auf Mühlheide. Damals standen noch überall die Knicks zwischen den verschiedenen Flurstücken. Und der Landweg nach Ziegendorf führte an Holz' Kiefernschonung vorbei, bevor er die Chaussee erreichte.

Petreck war vorgelaufen. Als er in der Nähe von Holz' Kiefernschonung kam, sah er einen Mann, der etwas zu verstecken suchte. »Hände hoch!« rief er dem Mann zu. Dann trat der Mann mit erhobenen Händen aus der Schonung.

Inzwischen waren auch wir angekommen. Einer schaute in der Schonung nach und fand unter dem Moos eine Maschinenpistole. Danach nahmen wir den Gefangenen mit auf unseren Hof. Der öffentliche Fernsprecher, es war das einzige Telefon im Dorf, befand sich in unserem Haus. Opa Petersen setzte sich mit den Behörden in Verbindung und sollte den Gefangenen nach Brunow bringen.

Der Gefangene, ein Hüne von Mann, hatte sich beim Absprung aus dem brennenden Flugzeug Brandblasen an den Händen zugezogen, deshalb bückte er sich ständig und kühlte sie in einer Wasserpfütze auf dem Hof. Mein Opa machte sich dann mit dem Gefangenen, vorsichtshalber hatte er sich einen Krückstock mitgenommen, auf den Weg nach Brunow. Es verlief ohne Zwischenfall. »Die restlichen abgesprungenen Besatzungsmitglieder fand man im Ziegendorfer Wald. Sie wurden alle eingesammelt und zu Genenz, zur Sammelstelle in Wulfsahl, gebracht.« (Vgl. B. Keuthe in »Aus der Geschichte von Wulfsahl«, S. 181.)

In der Repziner Dorfchronik zur 550-Jahrfeier wird berichtet: »In den letzten Kriegstagen, im April 45, überflog Repzin eine amerikanische Bomberstaffel. Einer der B 17-Bomber wurde von der Neustädter Flak getroffen und stürzte südlich von Repzin ins Moor. Ein Besatzungsmitglied versuchte, sich mit dem Fallschirm aus dem getroffenen Flugzeug zu retten, der sich jedoch nicht öffnete. Er fand den Tod auf dem Grundstück Melcher. Drei weitere wurden aus dem Wrack tot geborgen. Die vier amerikanischen Soldaten begrub man in Möllenbeck.«

Wir Stresendorfer fanden die Absturzstelle im Wald hinter Menzendorf, etwa 100 m von dem alten Landweg nach Carlshof. Einige Jungen und ich waren gerade dort, als die toten Besatzungsmitglieder geborgen wurden.

Ein Luftkampf mit Folgen

Im April 1945 häuften sich auch im sonst so einsamen Stresendorf die Ereignisse. An einem Nachmittag hörten wir plötzlich Geschützfeuer von einem Flugzeug. Zwei Flugzeuge verfolgten einander. Wie sich kurze Zeit später herausstellte, waren es ein britischer Jagdbomber und eine Me 109 unserer Wehrmacht. Die Me 109 wurde getroffen und brannte. Dann sahen wir, wie der Pilot am Fallschirm hing und zum Möllenbecker Wald schwebte. Dann sahen wir ihn nicht mehr.

Zu der Zeit war gerade eine Einheit der Wehrmacht bei uns im Dorf stationiert. Mehrere Soldaten und einige Dorfbewohner liefen in den Wald, um zu sehen, wo er geblieben war. Auch ich rannte mit. In der Krone einer hohen Kiefer hatte sich der Fallschirm verfangen, und daran hing der Pilot. Er hing so unglücklich am Fallschirm, daß er sich nicht selbst befreien konnte. Von dem Stamm war er zu weit entfernt, so daß er ihn nicht erreichen konnte. Ausklinken konnte er sich auch nicht, weil der Abstand von der Krone bis zur Erde viel zu hoch war. Deshalb liefen zwei Soldaten zum Dorf zurück und holten eine lange Leiter. Dann kletterte einer hinauf, aber die Leiter reichte nicht bis ganz nach oben. Deshalb kletterte er am Stamm weiter hoch bis zu den ersten Ästen und noch ein Stück weiter am Ast entlang, bis er ein Seil des Fallschirms fassen konnte. Dann zog er den Piloten zu sich heran, bis dieser Halt unter den Füßen fand und sich selbst befreien konnte, indem er die Hebel der Gurte aufklappte. Es war noch einmal gut gegangen. Die Haare waren leicht angesengt, und an den Händen hatte er ein paar Brandblasen, ansonsten war er O.K.

Das Kriegsende
und die Flucht vor den Russen

Im April 45 kamen mehrmals Einheiten der deutschen Wehrmacht in unser Dorf. Gewöhnlich blieben sie nur kurz. Wir Kinder kriegten dann schon mal einen Drops, sonst hatten sie ja auch nichts. Der Zuschlag lag auch voller Soldaten, die sich im Wald tarnten. Es hieß, es sei eine Raketeneinheit. Eine Zugmaschine wurde auf dem Weg nach Grabow von einem britischen Tiefflieger in Brand geschossen. Der Fahrer, der noch versuchte, sich durch einen Sprung in den Chausseegraben zu retten, wurde ebenfalls getroffen und starb.

Der Winter 45 war zwar hart, aber kurz. Im März und April war es schon recht warm. An den langen Frühlingsabenden spielten wir Jungen bis zum Dunkelwerden auf der Straße Schlagball, denn Autos kamen selten durch Stresendorf. Einige Leute standen am Zaun und unterhielten sich. Manchmal hielten wir inne und lauschten dem fernen Donnergrollen. Es hörte sich wie ein herannahendes Gewitter an. Aber es war kein Gewitter. Es war Geschützdonner von der Front an der Elbe bei Wittenberge. Es hieß, das seien die Amerikaner. Dieses Grummeln hörten wir oft, und wir hofften, daß die Amis zuerst bei uns wären.

Dann kam der 20. April, Führers Geburtstag, der Tag, an dem die 10jährigen Jungen als Pimpfe in der Jungschar aufgenommen wurden. Um 10 Uhr sollte jemand kommen.

Es war heiß an diesem Tag. Die Sonne brannte, und Erwin Schult und ich liefen barfuß durch das Dorf von einem Ende zum anderen und guckten, ob denn nicht einer käme. Die Störche lenkten uns etwas ab. In diesem Jahr waren sie früh gekommen. Das Weibchen brütete schon auf Nergers Stall. Über dem Dorf kreiste ein fremdes Storchenpärchen. Es hatte wohl kein freies Nest mehr gefunden. Abwechselnd versuchten die beiden, auf dem Nest zu landen, und jedesmal stach das Weibchen vom Nest aus mit dem langen Schnabel, wie mit einem Speer, nach ihnen. Erst als das Männchen des brütenden Weibchens von der Nahrungssuche aus den Wiesen angeflogen kam und sich in den Kampf einmischte, flogen die beiden anderen davon. Allmählich wurde die Zeit lang. Als mittags immer noch keiner von den Herren da war, gaben wir die Hoffnung auf. Es wurde also nichts mehr mit der Hitlerjugend.

Die letzten Tage vor dem Einmarsch der Roten Armee verbrachten wir mit Hoffen und Bangen. Was sollten wir tun? Denn wir hatten viel Schreckliches gehört. Einige sprachen von Selbstmord, andere von Flucht.

Seit ein paar Wochen hatten wir wieder Flüchtlinge im Haus. Es waren drei junge Frauen aus Hinterpommern, dem Dorf, wo Tante Elli mit ihrem kleinen Sohn und ihrem Vater wohnte. Sie hatten sich unsere Adresse geben lassen und waren mit der Bahn gekommen.

Am Abend des 2. Mai kam dann noch Tante Dora aus Peckatel, Kreis Neustrelitz, mit dem Wagen voller Menschen: mit ihren drei Kindern, dazu noch die Schwägerin mit zwei Kindern, die evakuierte Schwester aus Leipzig, ein Flakhelfer, 16 Jahre alt, und Marcel. Marcel war ein französischer Kriegsgefangener, der auf dem Hof von Onkel Karl und Tante Dora arbeitete und auch vor den Russen geflüchtet war.

Die beiden Pferde waren von der langen Fahrt, 120 km in zwei Tagen, total ausgemergelt. Außerdem hatten sie die schwere Frühjahrsarbeit hinter sich, so daß sie auch nichts zum Zusetzen hatten und abgemagert waren. Das sollte sich am nächsten Tag noch rächen.

Seit Tagen warteten wir auf das Ende des Krieges. Immer wieder zogen Einheiten der Wehrmacht durchs Dorf. Oma Petersen dachte schon, es seien die Russen und hängte eine weiße Fahne, ein Bettlaken, oben aus dem Schlafzimmerfenster. Das gefiel dem Offizier der Truppe ganz und gar nicht. Er schimpfte Oma aus. Da nahm sie das Tuch ganz schnell wieder weg und entschuldigte sich.

Am Morgen des 3. Mai, etwa neun Uhr, kam eine Fernmeldetruppe der Wehrmacht mit mehreren Fahrzeugen in unser Dorf. Vor den Höfen hielten sie an. Ein Offizier, ein Feldwebel und ein Spieß kamen in unsere Küche. Der Offizier stellte eine Flasche Alkohol auf den Küchentisch und fragte meine Mutter, ob sie einen Eierlikör und ein paar Spiegeleier zum Frühstück machen könne. Und er möchte auch heißes Wasser zum Rasieren. Meine Mutter machte sich an die Arbeit, machte schnell Wasser heiß, und der Offizier hängte seine Uniformjacke über eine Stuhllehne und seifte sein Gesicht mit Rasierschaum ein. Plötzlich fielen mehrere Schüsse. Die Gewehrsalven zischten über unser Dorf. Da kam auch schon der Fahrer des Wagens angerannt und rief:»Die Russen kommen!«Unser Offizier hatte es nun ganz eilig. Er schnappte sich seine Jacke, sagte »Tschüß« und rannte mit Schaum im Gesicht zum Fahrzeug. Dann heulten die Motoren auf. Und in wenigen Sekunden war die ganze Truppe verschwunden.

Nun bekamen auch wir Panik. Schnell wurden die Koffer und Kisten auf den Wagen geladen. Beim Anspannen der Pferde gab es noch einen Disput zwischen Opa Petersen und meiner Mutter. Opa hatte unseren Wallach Hans und den Wallach von Fritz Werner anspannen lassen. Dieses Pferd war bei uns in Futter, und wir hätten es bei einer späteren Rückkehr zurückgeben müssen. Meine Mutter ließ deshalb das Pferd wieder ausspannen und statt dessen unsere Lotte, die auch noch ein Fohlen hatte, einspannen. Unser Kastenwagen war brechend voll. Außer meiner Mutter und mir und meinem Bruder fuhren da noch die drei jungen Frauen aus Pommern, unser Pole Josef und die zwei Mütter mit vier Kindern und meine Cousine Gundula aus Peckatel mit uns. Die Peckateler fuhren mit uns, um Tante Doras Pferde, die den langen Weg hinter sich hatten, zu entlasten. Bei Tante Dora fuhren Gisela, die älteste Tochter, der kleine Walter, der Flakhelfer und Marcel, der Franzose, mit. Sie waren schon vorgefahren. Gleich hinter dem Dorf holten wir sie ein. Als wir sie überholten, scheute unser Fohlen und lief auf Nergers Acker hinter dem Friedhof. Einfangen konnten wir es nicht. So fuhren wir weiter, Richtung Neustadt Glewe. Über Herzfeld und den Schwarzen Berg fuhren wir nach Granzin. Unterwegs kam uns eine große Kolonne von KZ-Häftlingen entgegen. Sie sahen ziemlich geschwächt und zerlumpt aus. Ein Wachmann mit Gewehr begleitete sie. So schnell es ging, fuhren wir an ihnen vorbei.

Später hörte ich, daß sie gegen Mittag in Stresendorf geplündert haben.

Etwa einen Kilometer hinter Granzin mündete der Feldweg auf eine schmale Chaussee mit Sommerweg. Das war eine Nebenstraße von Parchim nach Neustadt Glewe. Auf dieser Straße herrschte das reine Chaos. In zwei Reihen strömte alles von Ost nach West, von Parchim nach Neustadt Glewe. Rechts auf dem Sommerweg, das ist der Teil der Straße, der nicht asphaltiert ist, reihte sich Wagen an Wagen, teils mit Plane. Die Pferde waren vom langen Treck aus Ostpreußen und Pommern abgemagert, und einige ließen die Köpfe hängen. Daneben fuhren die Militärfahrzeuge der Wehrmacht: Lkws voller Soldaten, Schützenpanzer und andere Kettenfahrzeuge. Die ganze Kolonne kam nur schrittweise voran, oft ging es gar nicht mehr weiter. Unsere drei jungen Frauen aus Hinterpommern fanden schnell Kontakt zu den Soldaten und wechselten die Plätze. Nun hatten wir wenigstens etwas mehr Platz auf dem Wagen.

Auf den Feldern beiderseits der Chaussee legten Fernmelder Leitungen für den nächsten Einsatz. Der nächste Ort war Blievenstorf. Es ging nur schrittweise voran, immer wieder durch Staus unterbrochen. In Blievenstorf ging zunächst gar nichts mehr. Hier trifft die Straße von Zierzow über Muchow mit der aus Stolpe zusammen. Auch diese Straße war voller flüchtender Fahrzeuge. Ein Offizier versuchte die Weiterfahrt, so gut es ging, zu regeln. Dabei wurde er von einigen Flüchtlingen beschimpft, weil sie warten mußten, während andere weiterfahren durften. Auf dem Dorfplatz war eine Kompanie SS-Soldaten angetreten, um die Russen aufzuhalten. Sie sangen ein Lied vor ihrem letzten Kampf.

Als wir endlich das Dorf verlassen hatten und am Brenzer Kanal entlang fuhren, hörten wir Geschützdonner und Gewehrfeuer. Kurz danach stieg dicker Qualm auf. Mehrere Bauernhöfe brannten in Blievenstorf ab. Die Russen hatten sie, bei der Erwiderung des Feuers, in Brand geschossen. Hinter Neu-Brenz rannten flüchtende Soldaten über die Felder. Einer galoppierte auf einem Pferd davon. Diesen Soldaten trafen wir ein paar Tage später bei Tante Alwine in Dreenkrögen wieder. Er war in der Lewitz durch die Elde geschwommen und dann hinter dem Wald auf den Bauernhof gestoßen. Das Pferd hatte er laufen lassen. Es fand jetzt genug zu fressen.

Da wir nur mühsam vorankamen, hatten wir Angst, von den Russen eingeholt zu werden. Dann sahen wir die ersten Engländer. Sie fuhren mit ihren Jeeps über die Äcker neben der Straße. Dann gingen sie zu den Militärfahrzeugen und sprachen mit den Offizieren. Die Offiziere gaben ein paar Kommandos, und die Soldaten warfen ihre Gewehre in den Straßengraben. Die Pistolen und die Armbanduhren wurden von den Engländern eingesammelt. Manche hatten an jedem Arm drei bis vier Uhren. An der Kanalbrücke war der große Stau. Hier mußten wir auf die Straße »Parchim – Neustadt-Glewe«. Auch diese Straße war voller Flüchtlinge und Militär. Alle wollten über diese kleine Brücke nach Neustadt-Glewe und weiter in den Westen.

Gegen Abend hatten wir es geschafft. Hinter Neustadt-Glewe bogen wir in den Wald ein nach Dreenkrögen zur Tante Alwine, die dort einen Bauernhof hatte. Die Begrüßung war äußerst kühl, und auf dem Hof waren auch schon Flüchtlinge. »Jetzt kommt ihr auch noch!« rief sie, »Was wollt ihr denn hier?« Wir waren enttäuscht, und meine Mutter sagte: »Morgen fahren wir wieder nach Hause. Vielleicht sind da ja auch die Engländer!« Ich flehte sie an: »Laß uns doch weiter in Richtung Elbe fahren!« Aber es nützte nichts. Am nächsten Morgen machten wir uns auf den Rückweg. Als wir wieder auf der Chaussee waren, kamen uns eine Frau und ein Mann zu Fuß aus Neustadt-Glewe entgegen. Sie hielten uns an und sagten: »Fahrt bloß nicht nach Neustadt-Glewe! Da ist der Russe und hat die ganze Nacht fürchterlich gehaust.« Die Frau weinte und sagte, sie sei vergewaltigt worden und zeigte auf ihr zerrissenes Kleid und die kaputten Strümpfe. Wir waren geschockt und fuhren wieder zurück zur Tante Alwine auf ihren Bauernhof.

Das Warten auf die Rückkehr

Zunächst hieß es abwarten und sich einrichten mit soviel Leuten. Das Wohn-Stallhaus war ein sogenanntes Niederdeutsches Hallenhaus. Es hatte ein Reetdach und Fachwerkwände mit Lehm ausgekleidet. Links und rechts neben der großen Diele waren die Ställe und mehrere Kammern. In einer Kammer standen die Zentrifuge und das Butterfaß. Am Ende der Diele lagen Wohnzimmer, Schlafzimmer und rechts daneben die Küche. Auf dem Boden über den Zimmern und über den Ställen lag das Heu. Die Holzscheune und ein weiterer Stall standen separat auf dem Hof.

Wir mußten ganz schön zusammenrücken. Mit sieben Kindern schliefen wir in einer Kammer auf Stroh und Decken auf dem Boden. Gegessen wurde, was gerade da war. Abends gab es immer Bratkartoffeln. Damit sie nicht anbrannten, wurde kalter Kaffee dazugeschüttet. Marianne, Tante Doras Schwester aus Peckatel, übernahm das Buttern in der Kammer. Sie war die couragierteste von den vier Müttern. Sie zweigte oft ein Stück Butter für uns alle ab. Das durfte Tante Alwine natürlich nicht wissen, denn sie war geizig und fing schnell an zu keifen. Die Butter verkaufte sie dann im Dorf.

Ein weiteres Problem war, unsere Pferde satt zu kriegen. Deshalb kaufte meine Mutter bei einem Bauern im Dorf vier Zentner Roggen, Hafer war nicht zu kriegen, und verfütterte ihn. Zusätzlich bekamen sie Heu und Stroh.

Tante Alwines Hof lag etwa 500 m abseits der Straße Ludwigslust – Schwerin, direkt neben einem Kiefernwald. Drei weitere Höfe, alle etwa 100 m voneinander entfernt, lagen ebenfalls am Waldrand. Am Ende lag noch ein Forsthaus. Heute verläuft dort die A 24 von Berlin nach Hamburg.

Hinter dem Kiefernwald beginnt die Lewitz, ein großes Wiesengebiet mit Flüssen, Kanälen und Wäldern auf den sandigen Randgebieten.

Die Lewitz verdankt ihre Entstehung der letzten Eiszeit, der Weichseleiszeit vor 15 000 Jahren. Als die mächtigen Eismassen der mecklenburgischen Seenplatte abschmolzen, füllte sich dieses flache Gebiet zunächst mit Schmelzwasser, das im Laufe der Jahrhunderte verlandete. Es bildeten sich Moore und Bruchwälder, auf den Sanderflächen vor allem Birken- und Kiefernwälder. Nach und nach rodete der Mensch den Wald, baute Entwässerungskanäle und verwandelte das Gebiet in Wiesen. Bis Anfang des 20. Jahrhunderts war die Lewitz eines der bedeutendsten Brutgebiete für Wiesenvögel. Auch heute brüten dort noch See- und Fischadler.

Heute ist die Lewitz das Land der Schleusen, Kanäle und Brücken. Zahlreiche Flüsse, die Elde, die Stör, Brenzer Kanal und die Müritz-Elde-Wasserstraße durchziehen dieses Gebiet. Die Lewitz beginnt südlich des Schweriner Sees und endet im Süden bei Neustadt-Glewe mit einer Länge von 21 km. Die größte Breite beträgt 11 Kilometer. Der südliche Teil bei Neustadt-Glewe wird heute, infolge der Entwässerung, überwiegend ackerbaulich genutzt. Das Kerngebiet von 7.137 ha wurde schon 1938 unter Schutz gestellt, vgl. hierzu: Die Lewitz in Mecklenburg, Zeitschrift für Mecklenburg und Vorpommern, Nr. 1 Januar 1988.

Für uns Jungen war es nicht weit bis in die Lewitz, vielleicht 30 Minuten zu Fuß. 1953 sah die Lewitz noch ein bißchen ursprünglicher aus, im Grunde genommen wie eine riesige Wiese, bis an den Horizont mit vereinzelten Bäumen und kein Ackerland.

Wenn wir aus dem Kiefernwald hinter Tante Alwines Hof kamen, lagen da zuerst die Koppeln, eingezäunt und mit tiefen sumpfigen Gräben umgeben. Dort in der Nähe befanden sich mehrere Torfkuhlen, die voll Wasser gelaufen waren. An den Rändern wuchsen Sumpfdotterblumen, der Wasserdost und der Gagelstrauch. Weidenbüsche, Pappeln und Erlen sorgten für ein uriges Aussehen. Als wir Jungen in die Nähe der Kuhlen kamen, stank es fürchterlich nach Aas. Wir gingen der Sache auf den Grund und entdeckten einen halb verwesten Pferdekadaver. Diese Pferdekadaver fanden wir auch gelegentlich an anderer Stelle. Es handelte sich dabei um ausgesetzte Pferde von Flüchtlingstrecks, die nicht mehr weiterkonnten und die sie der Natur überließen. Nur hat die Natur im Winter auch nicht viel für Hauspferde zu bieten, geschwächt und ausgemergelt waren sie verhungert.

Aber es lauerten auch noch andere Gefahren auf sie. Ein Drama haben wir selbst miterlebt.

Als wir das nächste Mal zur Koppel kamen, lief so ein verwildertes Pferd den Weg an der Koppel entlang. Es wollte zu dem Pferd, welches in der Koppel graste und einem Bauern gehörte. Zwischen dem Weg und dem Koppelzaun lag ein tiefer Graben, halb zugewachsen und vermoort. Das Pferd versuchte nun, den Graben zu durchqueren, um in die Koppel zu gelangen. Dabei sackte es zunächst bis an den Bauch ein. Es versuchte nun verzweifelt wieder herauszukommen, aber es sackte immer tiefer ein. Wir Kinder konnten nicht helfen, deshalb sagten wir dem Bauern Bescheid. Aber der ließ sich Zeit. Als wir am nächsten Morgen wieder hingingen, guckten nur noch der Hals und Kopf heraus, aber es lebte noch. Hin und wieder versuchte es, den Kopf zu heben, aber der fiel immer wieder gegen die Böschung. Bis der Bauer dann endlich kam, um es mit seinem Gespann herauszuziehen, war es verendet.

Ab und zu kam eins dieser herumlaufenden Pferde auf den Hof von Tante Alwine. Ein Pferd, wir nannten es Max, fingen wir ein. Damit wollte Tante Marianne später nach Peckatel fahren, aber soweit war es noch nicht. Als wieder eins von diesen Pferden auf den Hof kam, sollten wir Kinder es vertreiben, weil das Futter knapp wurde. Aber das Pferd kam immer wieder zurück. Dann fingen wir es ein, und ich mußte jedesmal mit ihm weit wegreiten, es dann wegjagen und zu Fuß zurückgehen. Aber es nützte nichts, es kam immer wieder. Eines Tages war es fort. Ein Bauer aus der Nachbarschaft hatte es für sich eingefangen. Später, bei der Rückkehr nach Stresendorf, haben wir es bitter bereut, weil die Russen alle Pferde mitgenommen hatten.

Nach etwa zwei Wochen bekamen wir unerwarteten Besuch. Ein russischer Major mit seinem Fahrer, Tante Dora aus Peckatel und Marcel, der französische Kriegsgefangene, kamen auf den Hof gefahren.

Tante Dora war am 3. Mai auf der Flucht kurz hinter Blievenstorf von den Russen eingeholt worden und mußte wieder zurück nach Stresendorf. Erst jetzt begriffen wir, welches Glück wir gehabt hatten, davongekommen zu sein.

Jetzt war sie gekommen, ihre Tochter Gundula zu holen, die mit uns gefahren war. Der Franzose blieb bei uns in Dreenkrögen und fuhr nicht wieder mit zurück. Wie sich herausstellte, hatte er ein Verhältnis mit Tante Doras Schwester aus Leipzig, die mit ihren beiden Kindern aus Leipzig vor der Bombardierung nach Peckatel evakuiert worden war.

Die Amis kommen

Wie bereits erwähnt, trafen am 3. Mai 1945 Russen und Engländer in Neustadt-Glewe aufeinander. »Auch an anderen Stellen trafen sich am 3. Mai 1945 in Mecklenburg Russen, Engländer und Amerikaner, etwa auf der Linie östlich von Wismar – Schweriner See – Ludwigslust – Dömitz« (vgl. Die Geschichte Mecklenburgs, Hinstorff Verlag GmbH, Rostock 1993, S. 166).

Somit war zunächst auch Mecklenburg geteilt. Die Grenze verlief mitten durch die Lewitz, und bei Wöbbelin war die Straße Ludwigslust – Schwerin durch einen Schlagbaum gesperrt. In Dreenkrögen hatten die Engländer das Forsthaus am Wald belegt. Tagsüber machten sie ihre Kontrollfahrten. Dabei kamen sie auch am Hof vorbei, manchmal kamen sie auch auf den Hof. Sie verhielten sich freundlich und korrekt, auch gegenüber den Frauen. Nach vier Wochen wurden sie von den Amerikanern abgelöst. Die Amerikaner waren lässiger. Das erste Mal im Leben sahen wir einen Neger. Schnell legten wir unsere Scheu ab. Jedesmal, wenn die Amis mit ihren Jeeps auf den Hof gebraust kamen, wurden sie von uns Jungen umringt, und wir bekamen dann unser Bubble-Gum (Kaugummi).

Einmal wollten sie einen Hahn haben. Wir halfen den Hahn einzufangen. Anschließend konnten wir uns ein paar Zigaretten aus der hingehaltenen Schachtel ziehen. Wir vier Jungen zogen gleich mehrere, den Rest gaben sie uns dann auch noch. Die Zigaretten rauchten wir dann heimlich hinter dem Stall, denn unsere Mütter durften es nicht wissen.

Mit uns Jungen hatten unsere Mütter sowieso ihre liebe Not. Hinter Tante Alwines Hof lag eine alte Kiesgrube, ziemlich mit Büschen zugewachsen. In die Böschung bauten wir uns einen Unterstand hinein. Das war unser Gefechtsstand. Da im Wald überall Waffen herumlagen, hatten wir uns reichlich mit Ma-

schinenpistolen und Munition eingedeckt. In Abständen von
10-20 m legten wir Stahlhelme aus und benutzten sie als Ziel-
scheibe. Manche sahen danach wie ein Sieb aus. Unsere Mütter wußten natürlich nichts davon. Da es in der Gegend öfter
knallte, achteten sie nicht darauf. Aber der Spaß dauerte nicht
lange. Die Amis hatten etwas mitgekriegt.

Eines Abends, es wurde schon dunkel, fuhren sie auf den Hof
und fragten die Mütter, wer denn hier geschossen habe. Wir
Kinder lagen schon in der Kammer. Dann mußten wir alle her-
auskommen und Rede und Antwort stehen. Alles Lügen nutzte
nichts. Wir mußten die Maschinenpistolen abgeben und beteu-
ern, daß so etwas nie wieder vorkäme. Dann zogen sie ab, und
wir bekamen ein Donnerwetter zu hören. Zur Strafe mußten
wir ein paar Tage direkt nach dem Abendessen ins Bett. Aber
eine Maschinenpistole hatte ich doch noch gerettet. Tags zuvor
hatte ich sie in der Hundehütte auf dem Hof versteckt. Nach
ein paar Tagen haben wir dann noch mal geschossen, aber wir
hatten die »Hosen voll« und ließen es dann sein.

So schnell waren wir allerdings doch nicht zu entmutigen.
Im Wald zogen wir von den Panzerfäusten die Köpfe ab, oder
wir sammelten Gewehrmunition, brachen die Kugeln aus den
Patronen und schütteten das Zündpulver zu kleinen Häufchen
auf und zündeten es an, so daß sich große Stichflammen bildeten. Wie gefährlich das war, merkten wir erst, als der Nachbar-
junge, der mittlerweile mit seiner Mutter nach Neustadt-Glewe
zurückgekehrt war, dort beim Hantieren mit einer Panzerfaust
tödlich verunglückte.

Irgend etwas stellten wir immer an. Hansi aus Leipzig, ein
Jahr älter als ich, hatte auf einem Blatt Papier ein abgeschossenes
Flugzeug gemalt. Es zog einen langen »Schweif« voll Qualm hin-
ter sich her. Ich schoß es noch einmal ab, indem ich einen großen
Pillermann dazu malte, der mit einem dicken Wasserstrahl auf
das Flugzeug zielte. Leider hatte das für mich schlimme Folgen.
Hansis Mutter, die selber was mit dem Franzosen hatte, gab sich

jetzt ganz sittsam. Sie erkannte Hansis Malkunst und wollte nun von ihm wissen, welches Ferkel den großen Pillermann gemalt habe. Hansi war nicht der Härteste, nach kurzem Abstreiten verriet er mich. Nun fühlte sich meine Mutter gefordert und versohlte ihren frühreifen Sohn. Allerdings bemerkte ich auch, daß die »Weiber« ihren Spaß an dem Bild hatten und sich köstlich amüsierten.

Der Störkanal in der Lewitz bei Friedrichsmoor, Juni 1985

Ganz Mecklenburg
unter russischer Besatzung

Was auf Jalta auf der Krimkonferenz vom 4.-11. 2. 45 beschlossen wurde, wirkte sich Anfang Juli auch in Dreenkrögen aus. Die Amerikaner zogen sich bis hinter die Elbe zurück, und die Russen rückten bis zur Elbe vor.

Auf der Chaussee von Ludwigslust nach Schwerin rollten tagelang die Lkws voller russischer Soldaten in das restliche Mecklenburg. In umgekehrter Richtung marschierten mehrere tausend Mann lettischer SS-Soldaten, die den Russen von den Amerikanern übergeben worden waren, einem ungewissen Schicksal entgegen.

Wieder hatten wir Angst vor den Russen. Den versprengten und auf der Flucht befindlichen deutschen Soldaten erging es nicht anders. Mittlerweile hatten sich drei ehemalige Landser bei uns eingefunden. Das Wichtigste für sie war die Zivilkleidung, eine alte Manchesterhose, ein Hemd und eine Jacke genügten. Nach Hause konnten sie noch nicht, da ihre Familien im Osten, in Brandenburg, in Sachsen-Anhalt und in Berlin wohnten. Ob sie noch lebten, wußten sie auch nicht. Es bestand auch die Gefahr, von den Russen abgeholt zu werden. So schlossen sie sich uns an. Einer von den Landsern war derjenige, den wir auf einem Pferd auf der Flucht vor den Russen hinter Blievenstorf gesehen hatten.

Zunächst blieb alles ruhig. Nach etwa einer Woche waren die Kühe auf der Weide verschwunden. Tante Alwine weinte. Sie konnte sich gar nicht beruhigen. Nach zwei Tagen kamen die Kühe auf den Hof und gingen direkt in den Stall. Sie wollten gemolken werden. Alle hatten entzündete Euter, rot, dick und prall. Beim Melken schlugen sie vor Schmerzen.

Was war geschehen? Die Russen trieben jetzt auch hier, wie zuvor im übrigen Mecklenburg, die Kühe von den Bauern in großen Herden zusammen und weiter Richtung Osten nach Rußland. Tante Alwines Kühe waren also ausgebüxt und hatten den Weg nach Hause gefunden. Bei den riesigen Herden konnten die Wachposten nicht überall sein. Bald sollten wir nähere Bekanntschaft mit den Russen machen.

Von weitem sahen wir zwei Reiter, die auf den Hof zugeritten kamen. Wir fragten uns, was die wohl wollten. Es waren zwei russische Soldaten, Kosaken. Der größere sprach deutsch und erklärte, sie seien mit einer großen Kuhherde unterwegs und müßten mit ihren Leuten hier im Haus wohnen und die Milch verarbeiten.

Wir zogen also von unten auf den Heuboden. Die Russen, das war die Wachmannschaft und ein Arbeitstrupp von ehemaligen Fremdarbeiterinnen, zogen unten in die Räume ein. Da wir unsere Koffer und Taschen auf dem Heuboden des separaten Stalles versteckt hatten, holten wir sie, unter Heu verpackt, auf einer Schiebkarre zu unserem neuen Domizil. Unsere Pferde brachten wir wieder in die Scheune.

Abends tranken die Russen Wodka und sangen die alten Wolgalieder, oder sie veranstalteten Ringkämpfe. Wir schauten dabei zu. Sobald es dunkel wurde, verschwanden sie mit ihren mitgebrachten Fremdarbeiterinnen. Uns ließen sie jedenfalls in Ruhe, was auch wohl daran lag, daß wir die drei Soldaten in Zivil bei uns hatten.

Auf dem Heuboden wurde es langsam hell. Als wir uns alle aus dem Heu gerappelt hatten, fehlte Erika, Tante Mariannes Tochter aus Peckatel. Wir suchten überall im Heu, fanden sie aber nicht. Dann kam sie aus dem Heugebläse herausgekrochen. Im Dunkeln hatte sie sich verirrt und war in das Rohr gelangt und hatte die Nacht über darin geschlafen. Somit war die ganze Aufregung umsonst.

Übermut tut selten gut

Nach einer Woche zogen die Russen weiter, und Dreenkrögen gehörte uns wieder alleine. Als sie sich verabschiedeten, sagten sie, daß sie unsere Pferde nur deshalb nicht mitgenommen hätten, weil wir freundlich zu ihnen waren. Unserem Wallach Hans war die Woche nicht so gut bekommen. Er wälzte sich vor Schmerzen. Fressen wollte er auch nicht. Nur Heu und keine Bewegung waren ihm nicht bekommen. Er war verstopft. Wir holten den Tierarzt, der eine Kolik feststellte und ihm einen Einlauf aus Seifenlauge machte. Außerdem verordnete er ihm Bewegung. Natürlich stand es mir als künftigem Großbauern zuerst zu, ihn zu reiten. Ich ritt mit ihm den Weg am Wald entlang, mal im Schritt, mal im Trab. Jedesmal, wenn ich am Hof vorbeiritt, standen Wolfgang, Hansi und mein Bruder Jürgen dort und ärgerten sich, daß sie nicht reiten durften. Langsam wurde ich übermütig und ritt nun im Galopp. Als ich nun wieder an den dreien vorbeiritt, warf Wolfgang einen Knüppel und traf den braven Hans in der Flanke. Nun keilte der Wallach aus, und ich sauste in hohem Bogen herunter und landete etwa einen Meter neben einem Telegraphenmast. Der Wallach galoppierte weiter, und ich rappelte mich heulend auf. Meine Nase blutete stark, sonst war nichts passiert. Ich hatte Glück, denn ich hätte ja auch gegen den Mast fallen können.

Unser Hans ließ sich wieder einfangen. Ihm war der Ritt gut bekommen. Er fing an zu furzen und machte einen großen Haufen, dünn wie ein Kuhfladen. Die Seifenlauge und der Ritt hatten also gewirkt.

Die Rückkehr verzögert sich

Der Sommer neigte sich allmählich seinem Ende entgegen. Neues erfuhren wir nur durch Mundpropaganda. So hörten wir, daß die Amerikaner am 6. August die Atombombe auf Hiroshima abgeworfen hatten, und daß Japan kapituliert hatte. Tagsüber ritten Wolfgang und ich durch den Wald bis an die Lewitz. Ein Flüßchen, wahrscheinlich die Stör, versperrte uns den Weg. Die Brücke zu den Wiesen war auch kaputt und für Pferde unpassierbar. So hüteten wir die Pferde an den Wegrändern. Besonders schön war es morgens, wenn die Sonne durch den Morgennebel schien, und die Spinnweben an den Grashalmen und Büschen herrliche Muster zutage brachten.

Beim Hüten wechselten wir uns ab. Mal blieb Wolfgang bei den Pferden. Dann ging ich an den Fluß und beobachtete die vorbeischwimmenden Plötze oder den Eisvogel beim Fischen. Danach löste ich Wolfgang ab und paßte auf die Pferde auf.

Nach Stresendorf konnten wir noch nicht zurück, weil meine Mutter plötzlich an der Ruhr erkrankt war. Es sah gar nicht gut aus. Der Stuhlgang bestand nur aus Blut und Wasser. Sie war so schwach geworden, daß sie nur noch im Bett liegen konnte und gefüttert werden mußte. Die Tabletten wollten auch nicht anschlagen. Damit sie nicht von den Russen, die ab und zu ins Haus kamen, entdeckt wurde, hatten wir sie hinter einer Tapetentür in einer Kammer versteckt. Außerdem stellten wir noch einen Schrank davor.

Es dauerte etwa drei Wochen, bis eine Besserung eintrat. Sie erholte sich, und die Mütter entschlossen sich zur Rückkehr. Wie mochte es den Leuten in Stresendorf ergangen sein? Meine Großeltern waren dageblieben. Wir hatten die ganze Zeit nichts von ihnen gehört.

Zurück nach Stresendorf

Endlich war es so weit. Ende August brachen wir auf. Mit zwei Wagen fuhren wir zurück. Den zweiten Wagen zog der eingefangene Max. Wolfgang lenkte ihn. Mit auf dem Wagen fuhren seine Mutter, Tante Marianne und seine Schwester Erika. Die anderen aus Peckatel und die drei Landser fuhren mit uns. »Unser« Pole Josef war in seine Heimat zurückgekehrt. Marcel war nach Frankreich aufgebrochen. Wir haben nie wieder etwas von ihnen gehört.

In Blievenstorf sahen wir die sechs abgebrannten Höfe, die bei den letzten Kampfhandlungen am 3. Mai von den Russen in Brand geschossen worden waren. Am Ausgang des Dorfes in Richtung Stolpe stand ein abgeschossener deutscher Panzer, Marke »Tiger«. Direkt hinter dem Wald zwischen Blievenstorf und Stolpe stand auf der rechten Seite ein Bauernhaus, in dem alle Fenster und Türen fehlten. Auf dem Herzfelder Kirchweg, kurz vor der Gemarkung Stresendorf, fing unser Hans vor lauter Freude an zu tänzeln. Er hatte die Heimat wiedererkannt und hüpfte auf der Hinterhand. Am liebsten wäre er losgaloppiert, aber ich hielt die Leine straff.

Oma und Opa freuten sich riesig, uns wiederzusehen, wir ebenso. Oma weinte vor Freude. Unsere Freude wurde leicht getrübt, da die ganze untere Etage mit 41 Russen voll belegt war. Die Pferdeställe waren mit ihren Pferden ebenfalls in Beschlag genommen worden. Unsere Pferde brachten wir deshalb bei Kopplows unter. Die Ställe standen leer, und die Pferde waren, wie alle anderen im Dorf, von den Russen mitgenommen worden. Im ganzen Dorf waren noch drei Pferde geblieben. Eins war blind, ein weiteres lahmte, und das dritte war krank.

Die Russenzeit

Zunächst wohnten wir bei Oma und Opa oben im Haus in der Altenteilerwohnung. Alle mußten wieder zusammenrücken wie bei Tante Alwine. Wir sechs Kinder schliefen wieder in einer kleinen Kammer unterm Dach auf Stroh. Daran waren wir mittlerweile ja gewöhnt. Leider war das Dach nicht isoliert, und so speicherte sich die Sonne in dem kleinen Raum, so daß es in den Nächten unerträglich heiß und schwül war.

Nach Aussage von Else Witte kamen vormittags aus Richtung Herzfeld am 3. Mai zuerst die ehemaligen Zwangsarbeiter nach Stresendorf und stahlen Schmuck und Wertsachen und zerstörten, was sie nicht mitnehmen konnten. Es waren dieselben KZ-Häftlinge, denen wir morgens auf unserer Flucht aus Stresendorf begegnet waren.

Den ganzen Vormittag fielen immer wieder Gewehrschüsse im Möllenbecker Wald. Dort hatten sich Soldaten auf ihrer Flucht vor den Russen versteckt. Nachmittags rückte dann die Rote Armee mit Panzern und Infanterie in Stresendorf ein. Nach Aussage meiner Großmutter nahmen sie zwei Soldaten in unserer Scheune gefangen. Die Soldaten hatten sich unbemerkt hineingeschlichen. Ein Mann mit Lederjacke, der nicht aus unserer Gegend stammte, hatte durch einen Schuß aus seiner Maschinenpistole einen russischen Offizier schwer am Oberschenkel verwundet. Dem Verwundeten wurde das Bein bei uns im Wohnzimmer amputiert. Er wurde in unser Schlafzimmer in mein Bett gelegt und drohte zu verbluten. Das ganze Inlett war durchblutet, und das Blut tropfte auf den Boden, ehe es gestillt werden konnte. Den Schützen fanden die Rotarmisten in der Kiesgrube am Menzendorfer Weg. Sie brachten ihn zu uns auf den Hof. Dann wurde er abtransportiert. Was danach mit ihm geschah, weiß keiner.

Nach und nach erfuhren wir, was alles so in der ersten Zeit

passiert war. Die Frauen hatten am meisten unter den Vergewaltigungen durch die Russen zu leiden, manche direkt von mehreren. Besonders hart war es, wenn ein Mann von einem Russen mit dem Gewehr in Schach gehalten wurde und mit ansehen mußte, wie die eigene Frau vergewaltigt wurde. Eine Frau wurde erschossen, als sie einen Russen kommen sah und laut um Hilfe schrie. Das war immerhin im Juni, einen Monat nach Kriegsende. Mein Großvater erzählte, daß er gesehen habe, wie eine junge Mutter von vier Russen auf den Schultern laut um Hilfe schreiend aus dem Dorf geschleppt wurde. Danach verschwanden sie mit ihr in ein Kornfeld direkt hinter dem Dorf und vergewaltigten sie. Mehrmals versteckten sich mehrere Frauen bei uns im Haus auf dem Boden und zogen dann die Leiter mit hinauf. Am 8. Mai, dem Tag der Kapitulation, war es besonders schlimm. Da tobte sich die Rote Armee noch einmal so richtig aus. Den ganzen Tag und die Nacht über schossen die Russen vor Freude über den Sieg in die Luft. Hin und wieder waren die Schreie der gepeinigten Frauen zu hören. Oma und Opa hielten sich die ganze Nacht über in unserem Backofen neben der Schweineküche versteckt. Auch nach dem 8. Mai hörten die Vergewaltigungen nicht auf. So sahen mehrere Jungen durch ein Stallfenster, dabei auch mein Nachbar Otto Gehrke, wie ein Russe ein Flüchtlingsmädchen aus Ostpreußen bei uns im Kuhstall in der Krippe vergewaltigte.

Auch in den Nachbardörfern hatte sich in der ersten Zeit allerhand ereignet. Aus Neu-Herzfeld hatte sich eine Familie aus Angst vor den Russen in der Badekuhle neben der Löcknitz bei Wulfsahl ertränkt. In Poltnitz hatten sich zwei junge Frauen mit ihren Kindern das Leben genommen, weil sie die ständigen Vergewaltigungen durch die Russen nicht mehr ertragen konnten.

In Brunow hatte ein Partei-Genosse seine ganze Familie und sich dann selbst erschossen. Ein Kind fand man Tage später weitab in einem Kornfeld. Es hatte zunächst noch gelebt, war dann aber gestorben.

Ein normales Leben war in den ersten Monaten nach Kriegs-ende nicht möglich. Die Russen hatten alles mitgenommen: Die Kühe aus den umliegenden Dörfern wurden zusammengetrie-ben und in den Stresendorfer Koppeln, deren Drähte durch-trennt worden waren, in einer riesigen Herde bewacht. Die Frauen und Mädchen mußten die Herde melken. Ein paar Kühe holten sich die Bauern nachts heimlich zurück. So hatten mein Großvater und Wilhelm Giencke heimlich ein paar Kühe weggetrieben und in den Stall zurückgebracht. Auf diese Weise kamen wir zu 85, einer Kuh, in deren Horn die Zahl 85 eingebrannt war. Nach einiger Zeit brach die Maul- und Klauenseuche aus. Die Herde wurde weiter gen Osten getrieben, und die fußkranken Tiere, die nicht mitlaufen konnten, blieben zurück. Diese Tiere wurden von den Bauern gesund gepflegt und bildeten den Grundstock des künftigen Viehbestandes. Wir hatten auf diese Weise unsere Emma wiederbekommen.

Auch Möbel hatten die Russen weggeschleppt und in ihre Bunker in den Möllenbecker Wald gebracht. Die Bunker hatten sie direkt nach dem Krieg in dem ersten Waldstück an dem Menzendorfer Weg gebaut. Als die Russen abgezogen waren, holten sich die Bauern die Möbel wieder. Meistens waren es aber nicht die ehemaligen. Und so kam es vor, daß bei Besuch jemand seine Couch wiedererkannte und sagte:»Ick glowe dat is mien Couch!«

Viele Bauern hatten noch schnell, bevor die Russen kamen, einige Sachen vergraben, z. B. Wäsche, Geschirr und Lebens-mittel. Die Russen wußten sehr genau, wie man diese Dinge findet. Mit langen Eisenstangen suchten sie die Gärten ab und fanden die meisten Sachen, so auch unser Faß mit Pökelfleisch und Speck.

Das Heukommando

Allmählich normalisierte sich das Leben wieder. Die Russen wurden nach Dömitz an die Elbe verlegt. Die Elbe blieb für lange Zeit, bis zur Wiedervereinigung am 3.10.90, die Grenze zwischen DDR und Bundesrepublik Deutschland. Vorerst war es aber noch die sowjetische Besatzungszone. Zwei Soldaten, das sogenannte Heukommando, blieben in Stresendorf. Mit einem Gespann kontrollierten sie die Heumieten, die die Dorfbewohner im Sommer in den Wiesen setzen mußten. Mein Bruder und ich fuhren des öfteren mit. Manchmal schossen die Russen auch ein Reh. Mein Großvater mußte es dann zerlegen, und meine Großmutter machte dann einen Braten oder Gulasch daraus. Für die beiden Russen, Miele und Sascha hießen sie, wurde immer mitgekocht. Sie aßen aber in »ihrer« Stube.

Alle vierzehn Tage kamen nun die Russen mit ihren Panjewagen von Dömitz, um Heu für ihre Pferde zu holen. Dann verteilten sie sich auf mehrere Höfe und blieben zwei Tage. Sie brachten jedesmal einen riesigen Hunger mit, und meine Mutter und die Oma mußten Milchreis mit Zucker und Zimt machen. Den Reis, Zucker und Zimt hatten sie mitgebracht. Nach dem Essen ging es dann los mit Wodka, natürlich aus Tassen. »Pan«, so nannten sie meinen Großvater, mußte mittrinken, was er nur allzu gerne tat. Für meine Mutter wurde es jetzt Zeit, sich zu verziehen. Einige Russen wurden schon anzüglich. Deshalb verschwand sie schnell nach oben in die Altenteilerwohnung.

Am Abend sangen die Soldaten draußen auf dem Hof, und einer spielte mit einer Ziehharmonika dazu. Es klang schön, und wir Kinder hörten gerne zu. Am nächsten Morgen fuhren sie mit ihren voll mit Heu beladenen Panjewagen wieder zurück nach Dömitz.

Aber in der Nacht war doch nicht alles so glatt verlaufen. Dem einen Bauern fehlten mehrere Hühner, einem anderen ein paar Gänse. Dem Martin Kahlbohm, der aus Hamburg evakuiert worden war und nun mit seiner Frau und den Kindern bei Richard Ebert wohnte, fehlten mehrere Kaninchen. Er kam zu uns auf den Hof und beschwerte sich bei dem Kommandanten, aber es half nichts. Die Kaninchen blieben verschwunden. Eines Nachts rüttelte es furchtbar an der Flurtür. »Unsere« beiden Soldaten, die direkt im Zimmer neben dem Flur schliefen, waren noch nicht fertig angezogen, da machte meine Mutter schon die Tür auf, weil sie Angst hatte, daß sie aufgebrochen würde. Sofort stürzten ein paar Russen mit Gewehr im Anschlag hinein und stürmten direkt in die Stube, wo die beiden Russen sich noch anzogen. Dann nahmen sie den beiden die Gewehre, die noch in der Ecke standen, ab. Einer von den Eindringlingen war ein desertierter Sergeant der Roten Armee. Wir erkannten ihn wieder, da er zu der Einheit gehörte, die verlegt worden war. Sie wollten Schnaps und Frauen. Meine Mutter hatte sich anfangs direkt zu Oma und Opa in die obere Wohnung geflüchtet, so holten sie drei junge Flüchtlingsfrauen, die bei Morth im Dachzimmer wohnten, und die sie offenbar kannten, und feierten mit ihnen. Dann zogen sie wieder ab. Am anderen Morgen fehlte unser Kutschwagen und der Fuchswallach. Nun machten sich Opa, meine Mutter und die beiden Russen vom Heukommando auf die Suche.

Auf einem Bauernhof in Ziegendorf wurden sie fündig, als unser Fuchs gerade vor einen Ackerwagen gespannt wurde. Die Russen von der Nacht waren längst weg. Nun wurde unser Fuchs wieder mit nach Stresendorf gebracht. Warum das Pferd gerade auf diesen Hof in Ziegendorf gebracht worden war, konnte nicht geklärt werden.

Überfälle der Russen kamen in der Gegend nachts häufiger vor, selbst noch 1946/47.

Eines Nachts überfielen sie meine Großeltern in Löcknitz. Löcknitz, ein kleines Dorf an der Chaussee nach Brunow, besteht nur aus ein paar Büdnereien. Sie drangen in das Haus meiner Großeltern und holten Fleisch und Wurst aus dem Keller. Die Schwiegertochter stammte aus Kattowitz und konnte polnisch. Sie machte ein fürchterliches Theater und schimpfte die Russen aus. Derweil verschwand der Großvater durch den Stall nach draußen. Die Russen waren noch hinter ihm her, fanden ihn aber nicht. Auf dem Hof befand sich auch eine Flüchtlingsfamilie. Den Mann hatten sie auf dem Hof niedergestochen. Er bekam einen Stich in die Lunge, konnte aber gerettet werden. Man konnte nicht viel dagegen tun.

Manche trauten sich dennoch, so auch Erich Rüß. Er war Opas Nachbar. Vor kurzem war er aus russischer Kriegsgefangenschaft heimgekehrt, und jetzt hatten die Russen schon das zweite Mal bei ihm eingebrochen. Deshalb hatte er sich einen dicken Knüppel, rundum mit Knorn (Astenden) behaftet, hinter die Tür gestellt. Als sie nun eines Nachts wiederkamen und die Tür aufbrachen, schlug er dem ersten den Knüppel mit voller Wucht vor den Kopf. Der Russe fiel die Steinstufen herunter und blieb auf dem Hof wie tot liegen und blutete wie ein Schwein. Erich hatte nach dem Schlag sofort das Weite gesucht. Die anderen Russen suchten nach ihm, fanden ihn aber nicht. Aus Wut schossen sie durch ein Fenster in das Haus hinein und hätten beinahe noch die kranke Mutter, die im Bett lag, getroffen. Es hieß, die Russen seien aus Grabow gekommen, was sich natürlich nicht beweisen ließ. Nach Löcknitz kamen sie jedenfalls nicht wieder.

Der Wiederanfang nach dem Krieg

Irgendwie kam die Ernte doch noch in die Scheune. Die ersten Pferde kamen aus Schleswig-Holstein. Bei unserem neuen Bürgermeister Karl Kopplow wurden sie auf dem Hof an die Bauern und Büdner verteilt. Die erste Ladung reichte natürlich nicht, und es kam zum Streit. So wurden neue Pferde beschafft, damit jeder Bauer weitermachen konnte. Jetzt hätten wir die freilaufenden Pferde in Dreenkrögen gut gebrauchen können, aber soweit dachten wir damals noch nicht.

Die landwirtschaftlichen Maschinen waren von den Russen verschont geblieben, aber das Bindegarn für den Selbstbinder reichte nicht. Deshalb wurde wieder mit dem Ableger gemäht, und die von dem Beisitzer auf der Mähmaschine abgelegten Garben mußten mit Stroh von der Hand aufgebunden werden. Zum Aufbinden brauchte man sechs bis acht Leute. So wurden die vielen Flüchtlinge, die nach und nach aus dem Osten kamen, direkt mit angespannt. Nach dem Mähen wurden dann die Garben zu Hocken zusammengestellt. Zehn Paar Garben ergaben dann eine Stiege. Diese mußten dann wenigstens eine Woche auf dem Feld trocknen, eh sie in die Scheune eingefahren wurden. Im Winter wurde dann gedroschen. Eine Menge Arbeit, verglichen mit heute.

Viele Flüchtlinge hatten es gerade noch geschafft, vor dem Einmarsch der Russen in den Westen zu entkommen. Im Herbst 45 und im Sommer 46 kamen nun Flüchtlinge aus Ostpreußen, Pommern, Schlesien und Sudetenland, die es nicht mehr geschafft hatten. Die Zahl der Dorfbewohner stieg um mehr als das Doppelte an. Jeder Hausbesitzer mußte, je nach Größe des Hauses, ein bis zwei Zimmer abgeben und Flüchtlinge aufnehmen.

Im November 1945 wurde der Schulbetrieb wieder aufgenommen. Unsere erste Lehrerin hieß Emma Pach. Da sie schon graue

Haare hatte, hieß sie bei uns Schulkindern »Grauschimmel«. Sie war in Schnellkursen von den neu eingesetzten Behörden auf die Schule vorbereitet worden und hatte große Schwierigkeiten mit uns. Zum Mittagessen ging sie in die »Reihe«, das heißt, sie aß reihum bei den Bauern zu Mittag, jeden Tag bei einem anderen. Sie war nicht lange bei uns an der Schule. Bald bekamen wir Brigitte Tappert als Lehrerin. Sie war noch jung und hatte studiert. Sie war fachlich sehr versiert und verstand es, Begabungen zu wecken. Bei ihr konnte man etwas lernen. Zunächst ging sie auch reihum bei den Bauern zum Essen. Bis zu meiner Schulentlassung 1949 blieb sie bei uns an der Schule. Danach wurde die Schule in Stresendorf geschlossen und die Kinder mußten nach Herzfeld zur Schule.

Im Februar 1946 wurde in Stresendorf eine Bodenreformkommission gebildet. Hermann Menk übernahm den Vorsitz. Durch die Bodenreform bekamen die Häusler, Büdner und einige Flüchtlinge aus dem Osten Siedlungsland vom Gut von Treuenfels in Möllenbeck. Die Neusiedler aus dem Osten hatten es besonders schwer, denn es fehlte an allen Ecken und Enden.

Im Frühjahr kamen von den russischen Behörden eingesetzte Kontrolleure auf den Hof. Sie schätzten die Lagerbestände des Getreides, das dann abgeliefert werden mußte. Nach dem Dreschen blieb dann nicht mehr viel übrig. Kontrollen kamen häufiger vor. Mal war es die Hühnerzählung, ein andermal war Schweinezählung. Dann sollten die Kartoffelvorräte geschätzt werden, um zu sehen, was noch zu holen sei. Durch Mundpropaganda erfuhren wir davon. Deshalb deckten wir schnell unsere Eßkartoffeln, die wir in der Scheune gelagert hatten, mit Stroh zu. Unser Essen war gesichert, denn kaufen konnte man keine.

Der Bauer als Selbstversorger

Um die größte Not nach dem Krieg zu lindern, bekamen die Leute Lebensmittelkarten. Die Bauern, die als Selbstversorger galten, bekamen nur Salz, Zucker (manchmal braunen), Sago und Streichhölzer zugeteilt. Alles andere mußte selbst erzeugt werden. So machten wir im Herbst nach der Kartoffelernte Kartoffelmehl für Mehlspeisen und zum Ansämen von Suppen. Sirup zum Süßen von Speisen und als Brotaufstrich machten wir aus Zuckerrüben bzw. aus weißen Runkelrüben.

Die Rüben wurden gewaschen, zerkleinert, gekocht und ausgepreßt. Der Saft wurde dann eingekocht, was auch eine Kunst der Hausfrau war. Mal war der Sirup zu dünn, dann lief er beim Essen einer Schnitte an den Fingern herunter. Ein andermal war er zu dick, dann schmeckte er brandig und sah ziemlich dunkel aus. Wenn er richtig gut gelungen war, schmeckte er beinahe so wie Honig.

Im Winter wurde geschlachtet, sofern man einen Schlachtschein bekam. Meistens wurde dann noch ein zweites Schwein mitgeschlachtet. Dann wurde gewurstet und eingekocht. Das Fleisch wurde gepökelt und der Speck und die Schinken eingesalzen und nach drei Wochen geräuchert, damit es haltbar blieb, denn Kühlschränke kannte man noch nicht.

An langen Winterabenden wurden die getrockneten Bohnen gepahlt. Weiterhin wurde von den Frauen die Schafswolle gesponnen, die dann Pullover, Handschuhe und Socken strickten. Und aus dem weißen Bindegarn, das gesponnen wurde, knüpften manche Gardinen. Aus Flachs wurde Leinen gemacht. Natürlich konnte man mit der Zeit auch verschiedene Dinge kaufen, aber die Selbstversorgung blieb bis zu meiner Flucht 1953 bestimmend.

Die Wildschweinplage

In den ersten Nachkriegsjahren hatten sich die Wildschweine dermaßen vermehrt, daß sie zur reinen Plage wurden. In den Kartoffelfeldern richteten sie große Schäden an. Die Bachen bauten ihre Nester in den Kornfeldern und warfen ihre Frischlinge.

Das Jagen war streng verboten für Deutsche. Keiner durfte Waffen haben. Manchmal kamen die Russen von Grabow und versuchten ein paar Sauen zu erlegen, aber Wildschweine sind schwer zu jagen. Tagsüber liegen sie in den dichten Kiefernschonungen, und nachts kommen sie im Dunkeln heraus. Mein Bruder und ich versuchten auch unser Glück. Wir fertigten uns Speere an. Eine lange Eisenspitze setzten wir in einen dünnen Holzstiel, etwa 2 m lang. Dann umwickelten wir die eingesetzte Spitze mit einer dünnen Kordel. Nun konnte die Jagd losgehen.

Unsere »Jagd« verlegten wir in den Herbst und in die Wintermonate. Sonntags, gleich nach dem Mittagessen, gingen wir mit unseren Hunden in den Möllenbecker Wald. Manchmal kamen noch zwei Jungen aus dem Dorf mit. Unsere Hunde, eine bunte Mischung, waren nicht abgerichtet und dementsprechend nicht scharf genug, wie sich bald herausstellte. Dann ging die »Jagd« los. Zu zweit krochen wir mit unseren Hunden durch die Kiefernschonungen. Die scharfen Äste zerrten an unserer Kleidung und schlugen uns ins Gesicht. Allmählich bekamen wir ein Gespür dafür, wo sich die Sauen aufhielten. Plötzlich Hundegebell, unser Max hatte die Rotte aufgespürt, die nun in wilder Flucht davonrannte. Die Hunde rannten hinterher, aber keiner packte ernsthaft zu, um eine Sau festzuhalten. Das ganze war ein Reinfall, aber Spaß machte es trotzdem.

Ein andermal versuchten Opa Petersen und ich unser Glück mit den nach dem Krieg gefundenen Karabinern, auch K 98 genannt. Die Vorgeschichte begann schon an einem Sonntag-vormittag.

Ernst Wolgast war zu seinem Acker nach Nergers Stücken ge-gangen, den er gepachtet hatte. Er wollte nach seinem Roggen sehen, wie der den Winter überstanden hatte. Als er an der mit Schilfrohr bewachsenen Mergelkuhle vorbeikam, sprang eine Rotte Wildschweine aus dem Schilf und rannte über die Bauern-wiesen in Richtung Mühlheide in die angrenzenden Ziegendorfer Büdnertannen. Opa Petersen, der hinten auf unserem Hof stand, sah die Sauen und sagte mittags zu mir: »Franz! Kommst du mit? Die liegen bestimmt in den Büdnertannen!« »Woher willst du wissen, ob die noch da sind?« entgegnete ich. »Die sind in einer der Schonungen und ruhen sich aus«, antwortete er. Nun möchte ich noch hinzufügen, daß mein Großvater ein leidenschaftlicher Jäger war, der vor dem Krieg die Stresendorfer Jagd zusammen mit Wilhelm Giencke gepachtet hatte und im Krieg zu Treib-jagden eingeladen wurde. Seine Schrotflinte hatte er auf dem Speicher versteckt und so über die Nachkriegszeit gerettet.

Nach dem Mittagessen gingen wir also nach Mühlheide. Da-mit uns keiner sah, gingen wir hinten vom Hof über die Wie-sen. Einige Jungen hatten uns doch gesehen, aber davon später mehr. Auf Mühlheide holte ich meinen K 98 aus der Strohmiete in unserem Wald, entfernte den Mündungsschoner, prüfte, ob die Waffe geladen war und schaute nach, ob auch der Lade-stock funktionierte, denn der Repetierer am Schloß, der die leere Hülse nach einem Schuß hinauswirft, war abgebrochen. Ansonsten konnte man aber gut damit schießen, wie ich bei Schießübungen im Wald festgestellt hatte.

Mein Großvater hatte sein Gewehr unter dem Mantel ver-steckt und war damit nach Mühlheide gegangen. Dort holte er den K 98 unter seinen Mantel hervor, und ab ging es in die Büdnertannen, die direkt hinter unserem Wald lagen.

Vor der 1. Kiefernschonung mußte ich warten, bis sich Groß-vater am anderen Ende der Schonung an einem Waldweg aufgestellt hatte. Dann legte ich mein Gewehr ab und stürmte in die Schonung, nichts rührte sich. Danach ging's zur nächsten, wieder nichts. Zwischen den Schonungen stand Hochwald. Als wir an der 3. Schonung ankamen, flüsterte Großvater: »Hier sind sie. Ich höre sie schnarchen.« Ich hörte nichts, aber ich konnte sie riechen. Dann wieder die gleiche Prozedur. Ich wartete, bis Großvater auf der anderen Seite am Weg war. Nun rannte ich hinein, daß die Äste der mannshohen Kiefern nur so raschelten. Danach Getrampel, die Rotte setzte sich in Bewegung und kam ausgerechnet an meinem Ende, etwa 20 m von mir entfernt, heraus. Ich war sofort zurückgelaufen, hob das Gewehr auf, entsicherte, zielte und überlegte noch, ob ich abdrücken sollte und drückte ab. Ich hörte den Bolzen aufschlagen, aber es gab keinen Knall. Es war ein Versager. Die Munition war in der Strohmiete feucht geworden und zündete nicht. Da der Repetierer am Schloß defekt war, versuchte ich, mit dem Ladestock die Patrone zurückzustoßen und nachzuladen, aber es war zu spät. Die Sauen waren weg. Statt dessen fiel auf der anderen Seite ein Schuß. »Opa hat getroffen«, dachte ich. Bei ihm war ein Keiler in voller Fahrt über den Weg geprescht, und er hatte vorbeigeschossen. Gott sei Dank, denn als wir wieder aus dem Wald kamen, sahen wir mehrere Jungen aus dem Dorf, die über den Acker rannten und auf uns zukamen. Opa versteckte sich im Wald und ich versteckte schnell mein Gewehr in der Strohmiete. Das Gewehr hatten sie nicht gesehen, aber sie hatten den Schuß gehört und nervten mich, daß einer von uns geschossen habe. Das ging den ganzen Nachmittag so, bis ich schließlich auf dem Hof blieb und so meine Ruhe hatte.

Wie schon erwähnt, hatte Großvater seine Schrotflinte über die Nachkriegszeit gerettet. Heimlich schoß er abends so manchen Hasen. Die Schrotflinte konnte er so auseinandernehmen, daß er den Lauf in das Hosenbein stecken und den Schaft unter der Jacke verbergen konnte. So merkte es keiner, wenn er im Hellen zum Feld ging und sich an einem Wechsel aufstellte.

Eines Abends, als wir mit dem Selbstbinder beim Hafermähen waren, flogen mehrere Wildenten über uns hinweg und landeten in unserer Mergelkuhle. Die Kuhle stand voller Wasser. Von Schilfrohr umgeben, bildete sie ein kleines Biotop. »Davon hol ich mir eine!« rief Großvater und ging nach Hause, um seine Schrotflinte zu holen. Dann pirschte er sich schußbereit an die Kuhle. Ich hatte inzwischen weitergemäht und hörte plötzlich zwei Schüsse. Er blieb dann, bis es dunkel wurde, auf dem Feld. Als er nach Hause kam, brachte er drei Wildenten mit. Mit dem ersten Schuß fiel eine, mit dem zweiten schoß er eine Dublette, und so kamen wir mitten in der Woche zu unserem Entenbraten.

Holzabfahren für die Sowjetunion

Laut Befehl der sowjetischen Militäradministration mußten die Bauern in den Wintermonaten von 1945/46-1947/48 Holz für die Sowjetunion abfahren. Die Stresendorfer Bauern und Büdner mußten das Langholz aus den Wäldern bei Picher holen und zum Bahnhof nach Grabow fahren. Im Winter 1947/48 mußte ich mit einspringen und mit abfahren, weil Opa Petersen einen Hexenschuß hatte und Onkel Albert es allein nicht konnte.

»Onkel« Albert stammte aus Pommern, und war der Onkel von Tante Elli. Er war mit 63 Jahren noch zum Volkssturm eingezogen worden und in englische Gefangenschaft geraten. Nach der Entlassung kam er zu uns nach Stresendorf, weil er nicht mehr in seine Heimat zurückkonnte.

Meine Mutter entschuldigte mich am Abend vorher bei der Lehrerin, und am nächsten Morgen ging es um vier Uhr los. Es war bitterkalt. Auf dem Wagen hatte man auch keinen Schutz, weil beim Langholzfahren keine Kastenbretter mitgenommen wurden. Die schwere Eisenkette legten wir um die Rungen, und zum Sitzen legten wir ein dickes Brett zwischen die Schemel. Die Stiefel legten wir mit geschnittenem Stroh aus. Trotzdem wurden die Füße kalt, denn eine Fahrt dauerte gewöhnlich drei Stunden. Ein mit Schaffell gefütterter Soldatenmantel, der von einem Landser liegengeblieben war, hielt mich warm. Er reichte mir bis an die Knöchel, obwohl ich mit meinen dreizehn Jahren doch schon sehr groß war.

Hinter Grabow ging's in den Wald. Dort wurden die Wagen langgemacht, und wir Gespannführer schleppten mit unseren Pferden die Stämme zusammen, die dann von den Männern auf die Wagen geladen wurden. Gewöhnlich wurden pro Gespann zwei Fuhren Holz zum Bahnhof in Grabow gefahren. Danach ging's zu Christian Jobuß. Die Gastwirtschaft mit Pferdeställen lag an der Eldebrücke gegenüber von Bollbrügge, eine riesige Mühle mit großen Speichern.

Der Pferdeknecht fütterte dann die Pferde mit dem mitgebrachten Hafer und tränkte sie danach. In der Zeit gingen wir in die Gaststätte, bestellten uns Kaffee oder Bouillon und aßen unser Brot auf, das oft noch gefroren war. Die Männer tranken danach noch einige Runden Schnaps und wurden dann recht gesprächig. Abends im Dunkeln fuhren wir dann wieder nach Hause. Die Stresendorfer kürzten den Weg von Grabow hinter Carlshof ab. Damals existierte noch ein Landweg, der von Carlshof über Menzendorf durch den Möllenbecker Wald nach Stresendorf führte. Im Herbst hatten sich durch den vielen Regen tiefe Schlaglöcher gebildet. Jetzt im Februar war der Boden steinhart gefroren, und in den Schlaglöchern stand das Eis. Die Pferde gingen flott voran, denn sie wollten nach Hause. Der Wagen rumpelte über die eingefahrenen und hart gefrorenen Spurrillen. Ich war in Gedanken versunken, und Onkel Albert, der auf dem Brett vor dem Hinterrad saß, war eingenickt. Plötzlich hörte ich eine verzweifelte Stimme aus der Ferne. Ich schaute nach hinten, aber Onkel Albert war nicht mehr da. Sofort hielt ich an, da kam er auch schon angehumpelt. Er war eingeschlafen und vom Wagen gefallen, dabei war sein Kopf vom Hinterrad überrollt worden. Die Spurrillen hatten wohl Schlimmeres verhütet, denn außer ein paar Prellungen und Hautabschürfungen hatte er, Gott sei Dank, nichts abbekommen. Spät am Abend waren wir dann endlich wieder auf dem Hof. Dann mußte ich noch die Pferde füttern und tränken. Endlich war der Tag zu Ende, und ich konnte zu Bett gehen.

Kartoffeln sammeln

Ende September bis Anfang Oktober wurden bei uns in Mecklenburg Kartoffeln gerackt. Nirgendwo schmecken die Kartoffeln so gut wie in Mecklenburg, insbesondere, wenn sie auf Sandboden wachsen. Damals mußten die Kartoffeln noch mit der Hand aufgesammelt werden. Dazu brauchte man wenigstens sechs bis acht Mann bzw. Frauen. Eine große Erleichterung bei der Kartoffelernte war der Vorratsroder. Er wurde von drei Pferden gezogen. Mein Großvater pflügte vormittags etwa 16-24 Reihen Kartoffeln aus. Das richtete sich auch nach der Anzahl der Sammlerinnen, denn alle Kartoffeln mußten bis zum Abend aufgesammelt werden, da es Ende September auch schon mal Nachtfröste gab. Früh am Morgen ging es los. Bis die Sonne den Frühnebel vertrieben hatte, war es ungemütlich. Opa Petersen pflügte Reihe um Reihe aus, und mein Bruder und ich liefen mit Holzpantinen und Harke hinterher und harkten die an der Seite liegengebliebenen Kartoffeln rüber zu den anderen. Wenn die Sonne durchkam, ging's barfuß weiter.

Nachmittags kamen dann die Sammlerinnen: meine Mutter, das Dienstmädchen, ein paar Flüchtlingsmädchen und unser Tagelöhner Karl Jäger mit seiner Tochter Mike. Zu zweit sammelten sie die Kartoffeln in eine Weidenkiepe. Ich fuhr mit dem Kastenwagen nebenher und schüttete die vollen Körbe auf den Wagen. Die leeren Körbe gingen sofort zurück, so daß es kontinuierlich weitergehen konnte. Wenn die Ernte sehr lohnte, mußte mein Bruder mit ausschütten, sonst half er beim Sammeln.

Beim Sammeln ging es keineswegs stur und verkrampft zu. Es wurden Witze gerissen, und es wurde gelacht. Karl Jäger konnte besonders gut Witze erzählen, natürlich nur auf Platt. Er war ein kleiner schmächtiger Mann, so Anfang 60, immer gut gelaunt und fleißig. Leider hat er später, als ich schon weg war, einen tragischen Tod erlitten. Er wurde von einer Kuh totgestoßen.

In der Kaffeepause gab es selbstgebackenen Streuselkuchen und reichlich Kaffee mit Milch. Kaffee wurde gleich eine halbe Milchkanne voll gekocht. Dann ging es weiter bis zum Abend. Sobald ein Wagen voll beladen war, fuhr ich ihn nach Hause und schaufelte die Kartoffeln direkt in eine Miete. Das ging den ganzen Nachmittag so. Unterwegs blieb dann noch ein wenig Zeit, die durchziehenden Kraniche zu beobachten, die laut rufend sich immer wieder neu formierten und keilförmig weiterzogen.

Abends freuten sich dann alle auf das Abendessen. Mehrmals gab es Gänsebraten, gleich zwei Stück zu einer Mahlzeit. Die Sammlerinnen hatten danach Feierabend. Wir mußten dann noch die Abendarbeit erledigen. Die Frauen mußten noch den Abwasch machen, Jürgen half beim Melken, und ich mußte die Pferde tränken und füttern, was in der Regel zwei Stunden dauerte. Zwischendurch ging ich zu unserem Treffpunkt, dem riesigen Kastanienbaum vor Geus Hof. Meistens saßen da schon ein paar Jungen aus der Häuslerstraße auf dem Milchbock unter dem Baum. Sie hatten abends mehr Zeit, besonders die, die keine Pferde hatten. Schnell wurde es dunkel und Zeit zum Schlafengehen. Manchmal schrie dann auch schon der Steinkauz sein »Komm mit, komm mit!« Da konnte es einem schon gruselig werden.

Die Kartoffelernte dauerte gewöhnlich ein bis zwei Wochen. Danach wurde abgeeggt und nachgesammelt. Später wurde das Kartoffelkraut auf dem Feld verbrannt. Überall brannte es dann auf den Feldern. Das Abbrennen machte riesigen Spaß, außerdem wurden direkt ein paar Kartoffeln im Feuer gegart. Nach dem Plansoll mußten wir 1 000 Zentner abliefern. Dazu kam dann noch der Eigenverbrauch. In guten Jahren ernteten wir so an die 1 500 Zentner.

Blaubeerenpflücken und andere Tätigkeiten

Zwischen Heu- und Getreideernte war Blaubeerzeit. Im Sommer 1948 gab es besonders viele. Im Möllenbecker Wald und im Zuschlag wuchsen sie in Hülle und Fülle. In den Tagen vor der Ernte war der Wald voll von Menschen. Sie kamen von den umliegenden Dörfern zu Fuß oder mit dem Fahrrad. Mit Bussen kamen sie aus Parchim und Grabow. Wenn dann die Ernte früher einsetzte, war es manchmal schwierig, genügend Erntearbeiter zu bekommen. Viel lieber fuhren sie mit dem Fahrrad zum Markt nach Parchim und verkauften dort die Blaubeeren, das Pfund für 90 Pfennig. Dabei verdienten sie mehr als beim Bauern.

Wir Stresendorfer hatten es am nächsten, denn der Wald lag nur gut 100 m von der Häuslerreihe entfernt. Morgens früh ging es in den Wald. Eimerweise wurden die blauen Bickbeern, wie wir sie auf Platt nannten, aus dem Wald geschleppt. Zu Hause gab es dann Bickbeern mit Milch und Zucker. Der Rest wurde danach zu Mus gekocht und als Brotaufstrich gegessen. Der Nachteil war, daß man hinterher einen blauen Mund hatte. Später, als wir dann zum Tanzen gingen, aßen wir vorsichtshalber keine.

Im Krieg und in den ersten Jahren danach mußten wir Kinder auch immer mit zum Blaubeerpflücken. Viel lieber wären wir zum Baden gegangen. Deshalb versuchten wir, mit der Oma zu verhandeln. Sie legte dann die Anzahl der Becher fest, die mein Bruder und ich vollzupflücken hatten. Nach einiger Zeit war uns das zu langweilig. Damit es schneller ging, legten wir zuerst eine Schicht Moos in den Becher. Aber sie kam uns doch auf die Schliche. Schließlich gab sie nach und ließ uns gehen.

Neben Blaubeeren pflücken mußten wir auch noch Kartoffelkäfer sammeln. Sie hatten sich nach dem Krieg stark vermehrt und richteten großen Schaden an. Mit der ganzen Schulklasse gingen wir jede Woche Kartoffelkäfer sammeln. Auch die Erwachsenen mußten mit. Manche Kinder sammelten nachmittags in ihrer Freizeit weiter. Für einen Käfer gab es einen Pfennig. Ein ganz fleißiger Junge aus dem Dorf verdiente sich damit sogar ein Fahrrad.

Dafür hatten Jürgen und ich natürlich keine Zeit, denn wir mußten tüchtig auf dem Hof mithelfen. Zu tun gab es immer etwas. Zuerst wurden die Kartoffeln gehackt, dann die Rüben.

Da immer wieder Viehkontrollen kamen und wir die größten Sterken abliefern mußten, erhöhte sich der Viehbestand nur langsam. Somit hatten wir auf der Weide Gras im Überfluß. Deshalb brachten wir unsere drei Pferde halbtags auf die Weide. Abends holten wir sie dann wieder rein. Jürgen und ich, manchmal auch noch Herbert Große, ritten sie im vollen Galopp durchs Dorf bis zum Stall. Wir fühlten uns dann wie die Indianer. Wenn wir abends zufällig an der Koppel vorbeikamen und das Zaumzeug vergessen hatten, faßten wir mit einer Hand in die Mähnen und schwangen uns wie die Indianer hinauf. So hatten wir unseren Spaß, der leider viel zu kurz war.

Mit 14 Jahren war für mich die Kindheit endgültig vorbei. Notgedrungen übernahm ich alle Männerarbeiten auf dem Hof. Opa und Oma Petersen waren zu Onkel Lorenz nach Peckatel bei Neustrelitz gezogen. Er hatte dort eine Neubauernstelle bekommen, und da er noch nicht verheiratet war, brauchte er dringend Hilfe. Wir brauchten sie auch.

Nun standen wir drei, meine Mutter, mein Bruder Jürgen und ich, ganz alleine auf dem Hof. Unser Tagelöhner, Karl Jäger, und seine Tochter halfen zwar fleißig, aber genug Leute zu bekommen war schwierig.

Beim Korneinfahren benötigte man mindestens fünf Leute. Wenn dann das Fach in der Scheune immer höher vollgepackt wurde, brauchte man noch ein bis zwei Leute mehr. Auf dem Feld stakte ich die Garben mit einer langstieligen Forke auf den Leiterwagen. Diese wurden von Mike Jäger angenommen und fachgerecht gepackt. Dann wurde die volle Fuhre mit einem Leiterbaum gesichert, indem eine Schleete, ein dünner geschälter Baum, über den vollen Wagen gelegt wurde. Mit einem langen Strick wurde er vorne und hinten am Wagen festgezurrt. Nun kam das Schwierigste. Mike mußte vom vollen Wagen an den Seilen herunterklettern. Mit ihrem dicken Hintern war das gar nicht so einfach. Ich half ihr dabei, so gut es ging. Dann fuhr ich den vollen Wagen in die Scheune. Inzwischen hatten Jürgen, Karl Jäger und meine Mutter schon einen Wagen abgeladen. Ich spannte nur die Pferde um, und ab ging es wieder zum Feld bis zum Feierabend. So schafften wir am Tag vom Stücken, dem Feld am Menzendorfer Weg, bis zu 17 Fuhren. Wenn dann die Sonne eine Handbreit über dem Möllenbecker Wald stand, machten wir Schluß.

Inzwischen hatte Jürgen schon angefangen, die Kühe zu melken. Mike half ihm dabei. Meine Mutter fütterte die Schweine und machte das Abendbrot. Und ich versorgte derweil die Pferde. Die waren durstig und wurden zuerst getränkt, dann bekamen sie ihr erstes Futter. Danach wurde gegessen. Da wir damals noch keine zentrale Wasserversorgung im Dorf hatten, gingen Jürgen und ich in der Ernte zum Bach. Wir nahmen Handtuch und Seife und gingen bei Ebert über den Hof. Direkt hinter dem Gemüsegarten floß der Bach vorbei. Ein Steg führte über den Bach zur Koppel.

Im Adamskostüm stiegen wir in das kalte, glasklare Wasser, seiften uns ein und legten uns in die Strömung. Hinterher war man wie neu geboren, und man konnte nachts gut schlafen.

Saujagd wie im Mittelalter

Es wurde schon dämmerig, als ich mit dem Fahrrad von Grabow kommend in den alten Landweg von Carlshof über Menzendorf in den Möllenbecker Wald einbog. Aus der Kiefernschonung gegenüber den Hügelgräbern aus der Bronzezeit sprangen mehrere Schwarzkittel in rasanter Flucht über den Weg. Kurz danach huschten fünf große Schäferhunde hinter den Sauen her. Ich war ganz überrascht, hielt an und schaute ihnen nach, aber im Nu waren sie verschwunden. Deshalb fuhr ich weiter. Plötzlich hörte ich das Klagen einer Sau. Ich hielt abermals an und entdeckte zwischen den hohen Buchen schemenhaft ein Knäuel von Tieren und zwei Männer. Nun legte ich mein Fahrrad zur Seite und rannte darauf zu.

Mir bot sich ein unvergeßliches Bild. Fünf große Schäferhunde hatten sich in einen starken Überläufer verbissen und hielten ihn fest. Einer der Hunde hatte ihn am Schwanz gepackt, ein weiterer vorne am Rüssel (an der langen Schnauze), einer am Teller, dem Ohr, und die beiden anderen hatten sich in den Flanken festgebissen. Die Sau hatte keine Chance, sich loszureißen. Dann bereitete einer der Männer dem ungleichen Kampf ein Ende. Mit dem Seitengewehr (kurzer Säbel der Infanterie) stach er die Sau ab. Sie fiel zu Boden, und die Hunde stürzten sich wie die Wölfe darauf. Die beiden Männer hatten große Mühe, die Hunde zu beruhigen, damit sie die »Beute« freigaben. Dann hängten sie das erlegte Wild mit den Hinterläufen an einen dicken Ast, nahmen die Eingeweide heraus und schmissen sie den Hunden vor. Die stürzten sich gierig darauf, knurrten und fletschten mit den Zähnen, bis alles verschlungen war.

Nun sah ich mir die Männer genauer an. Sie waren etwa Ende zwanzig. Jeder hatte einen selbstgefertigten Speer bei sich. Außerdem trugen sie ein Seitengewehr am Koppel. Mit Sicherheit waren sie Soldat gewesen. Dann fragte ich sie: »Woher kommt ihr?« »Wir sind aus Stolpe«, erwiderten sie, »wir müssen uns beeilen, damit wir noch vor dem Dunkelwerden aus dem Wald kommen. Sonst kann's gefährlich für die Hunde werden. Wenn die Hunde einen schweren Keiler in einer Schonung stellen, können wir nicht im Dunkeln eingreifen. Auf diese Weise haben wir schon zwei Hunde verloren. Vor ein paar Wochen hatten die Hunde auch einen Keiler im Dunkeln gestellt. Der Keiler wehrte sich verzweifelt und schlitzte mit seinen langen Hauern meinem Hund den Bauch auf. Der Hund war verloren, und wir konnten nicht eingreifen, weil es zu dunkel war.«

Während sie das sagten, banden sie die Sau zwischen zwei Stangen fest. Dann nahmen die beiden die oberen Enden auf die Schultern und gingen heimwärts. Dabei schleifte das untere Ende der Stangen auf der Erde entlang.

Nun war es doch fast dunkel geworden. Die Hunde hatten inzwischen auch die letzten Reste aufgefressen. Ein Pfiff unterbrach die Stille, und sie folgten ihren »Jägern«. Ich fühlte mich zurückversetzt in die Steinzeit. So ähnlich könnte es auch damals gewesen sein.

Erntefest und andere Vergnügungen

Nachdem die Ernte eingebracht war, wurde Erntefest gefeiert. Gefeiert wurde im großen Saal der Gastwirtschaft Brüning in Herzfeld. Alle Stresendorfer trafen sich auf dem Dorfplatz am Glockenturm. Vorweg spielte eine Blaskapelle von sechs Mann aus Grabow. Dann bildeten die Jungen und Mädchen Pärchen und schlossen sich der Kapelle an, zuerst die Älteren, danach die Jüngeren, dann die Verheirateten mit den Kindern. Über den Herzfelder Kirchweg ging es dann zu Fuß nach Herzfeld. Dabei wechselte die Erntekrone von Paar zu Paar. Dann gab es Kaffee und Kuchen, und anschließend wurde getanzt bis in die Nacht hinein. Abends wurde eine Pause eingelegt, um das Vieh zu versorgen, dann ging's wieder los. In den Pausen zwischen den Tänzen eilten wir jungen Männer an die Theke und schmissen Runden, meistens Schnaps oder Likör. Das Biertrinken lernte ich erst später im Westen. Da jeder von uns einen ausgab, war's für manch einen einer zu viel. Der Katzenjammer kam dann erst so richtig am nächsten Tag mit Brummschädel und Kopfschmerzen.

Morgens ging es dann mit wenig Schlaf wieder an die Arbeit. Da gab es kein Pardon. Mir klang dann noch den ganzen Tag die Musik in den Ohren.

An den Wochenenden war nach der Ernte immer irgendwo in den umliegenden Dörfern Tanz. Nach Herzfeld und Ziegendorf gingen wir zu Fuß. Mit dem Fahrrad fuhren wir nach Marnitz, Dambeck und Möllenbeck, manchmal bis nach Grabow und Parchim. Da unsere Fahrräder nicht auf dem neuesten Stand waren, litt natürlich unsere Kleidung. Besonders schlimm war es an einem sehr heißen Sommertag 1950 oder 1951.

Mit mehreren Jungen fuhren wir mit unseren Fahrrädern nach Parchim, wo gerade ein Zirkus gastierte. Während der Aufführung gab es ein Gewitter, und es regnete in Strömen.

Weil es nicht aufhörte, blieben wir im Zelt. Aber es nützte uns nichts, man schmiß uns hinaus. Bis wir dann in der Stadt waren, waren wir total durchnäßt. Einige von uns wollten noch tanzen. Es war ein Reinfall. In den nassen Klamotten wollte keine mit uns tanzen. Nach ein paar „Körben" hatten einige die Lust verloren. So machten wir uns auf den Heimweg und quälten uns den Sonnenberg hoch. Es war stockdunkel, und nur Hermann hatte Licht am Fahrrad. Deshalb fuhr er vorne. Von Karrenzin bis Stresendorf war nur noch Landweg, der jetzt voller Pfützen stand. Nun konnte man nur noch hintereinander fahren. Man sah nichts mehr. Also ging es jetzt nur noch durch Schlaglöcher. Da an meinem Vorderrad das Schutzblech fehlte, spritzte mir der Dreck bis an die Brust. Bei Licht betrachtet, sah ich aus wie ein Schwein, das sich im Dreck gesuhlt hatte. Diese Radtour wird mir immer in Erinnerung bleiben.

Da war es schon angenehmer, Pfingsten in die Ruhner Berge zu fahren. Treffpunkt war der Aussichtsturm. Damals ein Gerüst aus Holz, mehrere Stockwerke hoch, die durch Leitern miteinander verbunden waren. Wir kletterten die beiden ersten Stockwerke hoch, die darüber waren morsch, und genossen den herrlichen Ausblick über die mecklenburgische Moränenlandschaft. Danach ging es zur Löcknitzquelle, einem kleinen Rinnsal, das aus einer Quellmulde aus dem Berghang sickerte. Bis auf seinem Weg nach Stresendorf war daraus ein ansehnlicher Bach geworden. Noch bis zu Anfang des 20. Jahrhunderts trieb die Löcknitz auf ihrem Weg nach Stresendorf drei Wassermühlen an, die erste in Poltnitz, die zweite in Karrenzin und die dritte in Stresendorf. Heute existiert der Bach nicht mehr in seiner ursprünglichen Form. Bei der Melioration wurde er kanalisiert, leider.

Stresendorfer Erntefest, etwa 1939, bei Brüning in Herzfeld – Jürgen und Franz Holm in der Mitte des Bildes bei den Eltern auf dem Arm

Ausflug nach den Ruhner Bergen – Stresendorfer Jungs v. li. W. Hahn, H. Große, ein Ziegendorfer, F. Holm, E. Schult, W. Kahlbohm, J. Misera, Pfingsten 1951

Die Löcknitz (de Bäk) 1975 vor der Regulierung, li. der Autor und sein Sohn Thorsten

Die Löcknitz nach der Regulierung 1994, li. Volker, re. Thorsten

Eierschnurrn tau Pingsten in Stresendorp

Gauden Dag ok in juch Hus, juch Deel is so krus,
Juch Schapstall is so holl un boll,
Achtteiden Eier gäben jieh woll, teiden in dei Kiep,
Jieh warden seelig, un wie warden riek.
Weitten jieh ok watt Kauhjungs hürt?
Kauhjungs hürt Eier un Speck, Bodder un Fett, Melk un
Mähl,
Allens watt jieh uns gäben wullt.
Weitten jieh ok watt hüd is, hüd is Pingsten.
Anner Johr um disse Tid will'n wie wedderkamen un uns
poor Eier halen.
Un gäben jieh uns kein Eier nich, so trat uns Hahn juch Heu-
ner nich.
Dieser Brauch existierte noch 1953, bis zu meiner Republik-
flucht.
Alle unverheirateten Männer nahmen am Eierschnurrn teil.
Die Jungen nahmen mit 14 Jahren nach der Schulentlassung das
erste Mal daran teil. Pfingstsamstag, wenn es dunkel wurde,
trafen sich alle am Glockenturm. Einer der älteren Junggesel-
len trug eine Kiepe, die aus Weiden geflochten war. Die Kiepe
war zur Hälfte mit Häcksel gefüllt, damit die Eier nicht kaputt-
gingen. Sobald es schummerig wurde, ging es los. Besonders
die Jungen, die das erste Mal mitgingen, waren sehr kribbelig.
Mehrere brachten eine Schnapsflasche mit, und die Neulinge
konnten nicht nein sagen, was sich schnell bemerkbar machte.
Sie hatten noch nicht das Stehvermögen der Älteren.
Da Holm die Hufe I hatte, fingen wir bei uns an. Wir sagten
unseren Spruch auf und bekamen 8 Eier. Dann ging es weiter
zum nächsten Bauern. Jeder Eierspender bekam einen Schnaps
eingeschenkt, manchmal waren es auch zwei. Zwischendurch
schenkten wir uns auch einen ein. So wurde manche Flasche

geleert. Beim fünften Bauern, auf Eberts Hof, war mein Bruder schon K.o.

Er machte das erste Mal mit und hatte sich auf die Bank gesetzt. Aufstehen konnte er nicht mehr. Wir versuchten ihn fit zumachen, indem wir ihn unter die Wasserpumpe hielten. Aber das kalte Wasser konnte ihn auch nicht mehr erfrischen. So trugen wir ihn mit vier Mann in unsere Scheune und legten ihn aufs Stroh, weil ich meine Mutter nicht wecken wollte. Dann ging es weiter zu den Büdnern. Zuletzt gingen wir die Häuslerreihe ab. Bei den Häuslern bekamen wir in der Regel 2-4 Eier, bei manchen auch 6.

Um Mitternacht waren wir durch. Danach wurden die Eier gezählt. 160 Stück hatten wir zusammengeschnurrt. Bei einem von uns wurden sie gekocht. Dann kriegte jeder seine Anzahl Eier, und jeder aß, soviel er konnte. Oft wurden Wetten abgeschlossen, wer wohl am meisten essen könnte, denn viele schafften es nicht. Nur Walter konnte es. Er aß 15 Eier. Das machte ihm keiner nach. Ich glaube, er hält noch heute den Rekord.

Das Eierschnurrn stirbt wohl aus. Es sind zu wenig junge Leute im Dorf. Nach der Wende haben die Jungs noch einmal damit angefangen, auch Thorsten war emsig dabei. Aber in den letzten Jahren ist der Brauch eingeschlafen.

Und immer drückte das Soll

Die ständigen Kontrollen zur Durchsetzung der Planerfüllung belasteten die Bauern schwer. (Vgl. hierzu »Die Entwicklung der Landwirtschaft nach 1950« in: Mecklenburg-Vorpommern / Land am Rand – für immer? Reihe Geschichte MV Nr. 5, Friedrich Ebert Stiftung)

»Frühzeitig begann man damit, den Stand der Bauern als reaktionär darzustellen, und setzte die Bauern, die über 20 ha Land bewirtschafteten, ständig unter Druck. Bei Nichterfüllung des Solls erfolgten Zwangsmaßnahmen, die mit Vertreibung oder Enteignung endeten. Besonders kraß war dies bis 1953. Mit der Aktion »Ungeziefer«, wobei der Name schon bezeichnend ist, wurden besonders die Bauern mit einer landwirtschaftlichen Fläche über 20 ha vertrieben, umgesiedelt und ihrer Rechte beraubt. Zahlreiche Bauern wurden zwangsweise umgesiedelt oder flüchteten aufgrund des Drucks in den westlichen Teil Deutschlands. Die verlassenen Bauernhöfe wurden anfangs von örtlichen landwirtschaftlichen Betrieben (ÖLB) bewirtschaftet, die oft die Grundlage für die Bildung der späteren LPGn waren. Da die zahlreichen Klein- und Mittelbauern jedoch nicht bereit waren, sich dem Druck der Zwangskollektivierung zu beugen, wurden gegen Ende der 50er Jahre fast alle Bauern mit wirtschaftlichen Zwangsmaßnahmen systematisch in die Bewirtschaftungsform der LPG überführt. Die Kollektivierung war 1961 abgeschlossen.«

1952 wurden die Kontrollen verschärft. Sie erstreckten sich jetzt auch auf die Quartalserfüllung von Schweine- und Rindfleisch und von Eiern und Milch. Da wir Bauern Selbstversorger waren, und das Quartalssoll der Milch nicht erfüllt hatten, wurde uns die Butter, die wir jede Woche von der Molkerei bekamen und mit dem Milchgeld verrechnen ließen, gesperrt. So butterten wir eben selbst.

Unverhofft kam eines Tages ein Kontrolleur in die Küche. Unsere Dienstmagd war gerade beim Buttern. Geistesgegenwärtig breitete sie schnell ihre Küchenschürze über die Kanne und blieb die ganze Zeit sitzen, bis der Kontrolleur wieder gegangen war. Ein andermal sollten wir die fette Sau abliefern, da auch noch Schweinefleisch im Soll ausstand. Meine Mutter beteuerte, daß die Sau tragend sei und nicht abgeliefert werden könne. Einstweilen gaben sie sich damit zufrieden. Die Sau schlachteten wir im Winter 1952 bei meinem Großvater in Löcknitz schwarz, da wir zu Weihnachten keinen Schlachtschein bekommen hatten. Damit die Stückzahl wieder stimmte, gab Opa uns einen Läufer. Er hatte die Möglichkeit auf seiner Büdnerei und versteckte vor der Viehzählung immer zwei bis drei Stück in der Scheune. Die Schikanen gingen noch weiter. Alle naselang sperrten sie unser Konto in Parchim, so daß wir zeitweise kein Geld hatten. Dann mußten meine Mutter oder mein Bruder nach Parchim zum Rat des Kreises, um wieder Geld abheben zu können.

Ganz frustrierend waren die angeordneten Versammlungen wegen Nichterfüllung des Ablieferungssolls. Das Erscheinen der Betriebsinhaber war Pflicht. Meine Mutter kam ganz niedergeschlagen von so einer Versammlung und erzählte, wie Ernst Preuß aus Ziegendorf, der besonders weit in der Planerfüllung zurücklag, vor versammelter Mannschaft als Volksverräter beschimpft wurde. Als er einen Schwächeanfall erlitt, verweigerte man ihm ein Glas Wasser. In anderen Dörfern lief es ähnlich, vgl. hierzu einen Auszug aus einem Protokoll der Gemeindevertretersitzung vom 10. 9. 52 in der Gastwirtschaft Arndt in Karrenzin: B. Keuthe, Aus der Geschichte von Wulfsahl, S. 206 f.

»Das Ablieferungssoll stand wieder im Mittelpunkt. Der Kollege Greisner machte auf die Dringlichkeit der Ablieferung aufmerksam. Die Volksernährung hängt davon ab. Weiter appellierte er an alle säumigen Ablieferer, das Soll schnellstens zu erledigen, spätestens jedoch bis zum 15. 9. 52. Bis zu diesem

Termin sollte alles Getreide ausgedroschen sein, andernfalls wäre mit empfindlichen Strafen zu rechnen.«

Es wurde angeordnet, nachts zu dreschen, damit das Soll planmäßig abgeliefert werden konnte. Denn am Tage war der Strom oft so schwach, daß nicht mit voller Kraft gedroschen werden konnte. So fingen wir nachts um vier Uhr an, bis der Strom um sechs schwächer wurde. Hermann Geu sagte mir nach der Wende, er habe den Dreschkasten einfach laufen lassen und sei wieder zu Bett gegangen.

Weiter schreibt B. Keuthe im vorgenannten Buch: »Im Kreis Parchim (wie in anderen auch) wurden Ende 1952 einzelne Bauern zum Exempel anderer enteignet (das nannte sich Devastierung). Sie hatten mit ihren Familien den Hof zu verlassen. ... Im Jahre 1953 stieg die Zahl derjenigen Bauern, die dem Druck nicht standhielten, ihre Höfe verließen und aus Angst vor Repressalien und in der Hoffnung auf eine bessere Zukunft mit ihren Familien in die BRD flüchteten. Im Frühjahr 1953 gab es in Wulfsahl sechs verlassene Hofstellen. ... Andere saßen auf gepackten Koffern.«

So oder ähnlich vollzog sich die Bauernflucht auch in anderen Dörfern. In Ziegendorf verließen fünf Bauern ihre Höfe, in Stresendorf Gehrke und Holm, in Drefahl fast alle. Ganz schlimm war es in der Gemeinde Rüst bei Goldberg. Im Westen lernte ich mehrere Bauern aus Rüst kennen. Rüst war die Nachbargemeinde von Mestlin, der Muster-LPG der DDR, die in allem bevorzugt wurde. Den Rüster Bauern wurde das Weiterwirtschaften regelrecht unmöglich gemacht. Georg Nehls (leider verstorben), auch ein ehemaliger Bauer aus Rüst, erzählte mir, daß kein einziger Bauer im Dorf geblieben sei. Im »Grünen Blatt« beschreibt er in dem Artikel »Frühjahr 1952 begann die Bauernflucht«, wie dabei vorgegangen wurde. Nachzulesen in: Mecklenburg, Zeitschrift für Mecklenburg und Vorpommern, Heft Nr. 2, Februar 1996, S. 14.

Im Frühjahr 1953 flüchteten immer mehr Bauern aus den

umliegenden Dörfern und verließen ihre Höfe. Ein Auszug aus dem Buch: Der 17. Juni 1953 in Mecklenburg und Vorpommern, Reihe Geschichte MV, Nr. 4, S. 20 f, 2. unveränderte Aufl. 1995 (Friedrich Ebert Stiftung, Landesbüro MV) soll das verdeutlichen:»Das Ablieferungssoll war ein entscheidender Hebel, um die Großbauern wirtschaftlich zu ruinieren. In der Regel wurde es so hoch angesetzt, daß es unmöglich war, diesen Forderungen nachzukommen.« ... »Es ging den Machthabern darum, an das Eigentum der Bauern heranzukommen. In jedem Fall mußte den Vorgängen gegen Großbauern wegen Nichterfüllung der Ablieferungspflicht eine Aufstellung über das Vermögen beigefügt werden, da diese Fälle nach Paragraph l, Abs. l der Wirtschaftsstrafverordnung behandelt wurden, der obligatorisch den Vermögenseinzug verlangte.« Vgl. hierzu auf der folgenden Seite die»Bestandsaufnahme aus dem verlassenen Betrieb Frieda Holm aus Stresendorf".

Weiter heißt es in dem o. a. Buch:»Allein im IV. Quartal 1952 wurden in den drei Nordbezirken ca. 300 Verfahren gegen Großbauern wegen Nichterfüllung des Ablieferungssolls durchgeführt. Eine Situation der Angst vor Verfolgung und Repressalien wurde heraufbeschworen, so daß viele von ihnen ihren gesamten Besitz, den sie in Generationen zusammengehalten hatten, aufgaben und in die Bundesrepublik gingen. Manchmal gelang es, einiges Vieh vorher noch zu verkaufen und dann bei Nacht und Nebel mit der ganzen Familie über Westberlin in die Bundesrepublik zu fliehen.«

Zu allem Übel ereignete sich ein Zwischenfall, der noch böse Folgen haben sollte. Unsere Dienstmagd war beauftragt worden, das Schlafzimmer der Großeltern zu lüften, das jetzt leer stand. Als sie nun die Betten aufschlug, lagen da Opas Gewehre. Eine Schrotflinte, die er, wie bereits erwähnt, gerettet hatte, und ein Karabiner, den er nach dem Krieg im Wald gefunden hatte.

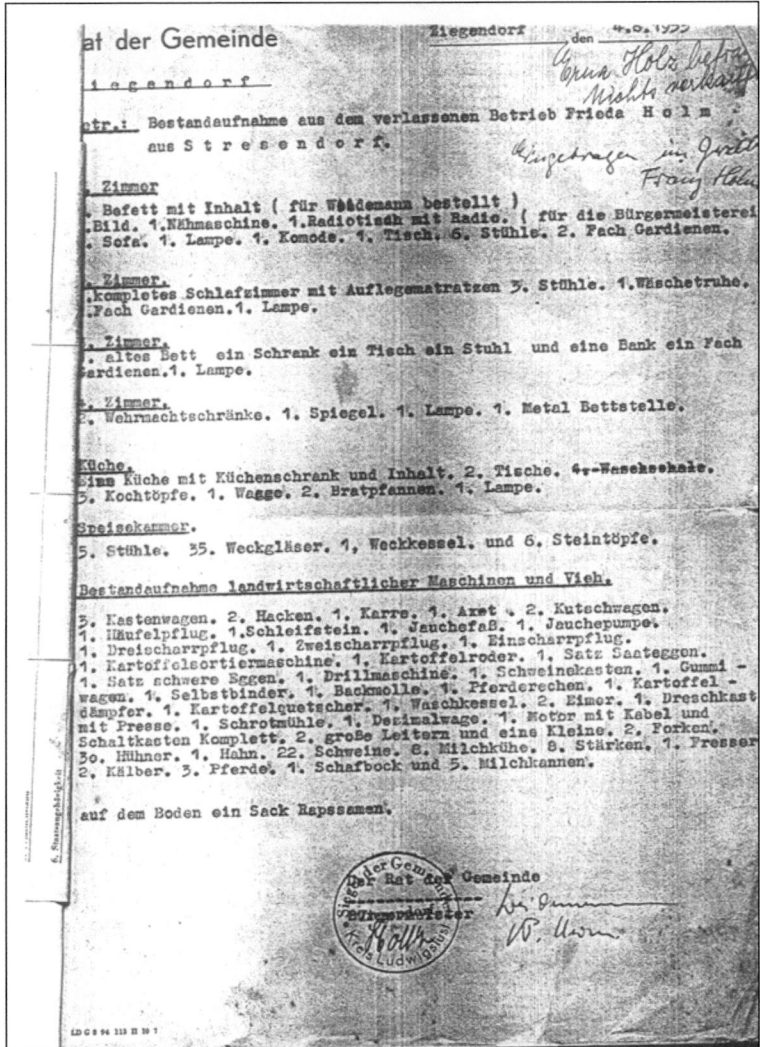

at der Gemeinde   Ziegendorf   den 4.04.1977

i e g e n d o r f

tr.:   Bestandaufnahme aus dem verlassenen Betrieb Frieda H o l m
       aus S t r e s e n d o r f.

. Zimmer
. Befett mit Inhalt (für Weidemann bestellt)
.Bild. 1.Nähmaschine. 1.Radiotisch mit Radio. (für die Bürgermeisterei
. Sofa. 1. Lampe. 1. Komode. 1. Tisch. 6. Stühle. 2. Fach Gardienen.

. Zimmer.
.komplettes Schlafzimmer mit Auflegematratzen 3. Stühle. 1.Wäschetruhe.
.Fach Gardienen.1. Lampe.

. Zimmer.
. altes Bett ein Schrank ein Tisch ein Stuhl und eine Bank ein Fach
ardienen.1. Lampe.

. Zimmer.
. Wehrmachtschränke. 1. Spiegel. 1. Lampe. 1. Metal Bettstelle.

Küche.
ine Küche mit Küchenschrank und Inhalt. 2. Tische. 4. Waschschüs.
5. Kochtöpfe. 1. Wagge. 2. Bratpfannen. 1. Lampe.

Speisekammer.
5. Stühle. 35. Weckgläser. 1. Weckkessel. und 6. Steintöpfe.

Bestandaufnahme landwirtschaftlicher Maschinen und Vieh.

3. Kastenwagen. 2. Hacken. 1. Karre. 1. Axet 4 2. Kutschwagen.
1. Häufelpflug. 1.Schleifstein. 1. Jauchefaß. 1. Jauchepumpe.
1. Dreischarrpflug. 1. Zweischarrpflug.1. Einscharrpflug.
1. Kartoffelsortiermaschine. 1. Kartoffelroder. 1. Satz Saateggen.
1. Satz schwere Eggen. 1. Drillmaschine. 1. Schweinekasten. 1. Gummi -
wagen. 1. Selbstbinder. 1. Backmolle. 1. Pferderechen. 1. Kartoffel-
dämpfer. 1. Kartoffelquetscher. 1. Waschkessel. 2. Eimer. 1. Dreschkast
mit Presse. 1. Schrotmühle. 1. Dezimalwage. 1. Motor mit Kabel und
Schaltkasten Komplett. 2. große Leitern und eine Kleine. 2. Forken.
30. Hühner. 1. Hahn. 22. Schweine. 8. Milchkühe. 8. Stärken. 1. Presser
2. Kälber. 3. Pferde. 1. Schafbock und 5. Milchkannen.

auf dem Boden ein Sack Rapssamen.

                          Rat der Gemeinde

Laut schreiend lief die Magd zu meiner Mutter und erzählte, was sie gefunden hatte. Meine Mutter bat sie, Stillschweigen zu bewahren. Die Sache war gefährlich. Wenn das herauskam, wäre ich mit Sicherheit verhaftet worden. Ich kannte Großvaters Gewehre, wußte aber nicht, wo er sie versteckt hatte. Dann sagte meine Mutter: »Du schmeißt jetzt die Gewehre in die Mergelkuhle, da findet sie keiner.« Mir tat es in der Seele weh, aber ich gehorchte widerstrebend. Ich lud sie auf den Wagen, deckte Säcke darüber und schmiß sie in die Kuhle. Das dicke Ende kam ein paar Wochen später. Aus nichtigem Anlaß hatte uns die Magd inzwischen verlassen. Nach etwa drei Wochen erschien ihr Vater bei meiner Mutter und verlangte 500 Mark Schweigegeld. Aus Angst, verraten zu werden, zahlte sie natürlich. Ich war gerade unterwegs, um vom Bahnhof in Berge in der Prignitz Dünger zu holen. Als ich zurückkam, fand ich sie weinend in der Küche und mußte sie erst trösten. Jetzt waren wir auch erpreßbar.

Es war eine schlimme Zeit. Alles stehen- und liegenlassen war bestimmt nicht einfach. Mitnehmen konnte man nichts, da man sonst bei den Kontrollen in Berlin-Falkensee, wo man von der Reichsbahn in die S-Bahn umsteigen mußte, aufgefallen wäre. So blieb es bei dem Allernötigsten. Ich hatte z. B. nur eine Aktentasche mit Unterwäsche zum Wechseln und 300 Ostmark bei mir. Das Geld hatte meine Mutter zuvor im Mantelsaum eingenäht. Die Flucht war nicht ganz ungefährlich, wie sich später herausstellte. In Mülheim a. d. Ruhr, meiner zweiten Heimat, lernte ich Fritz Rinsche kennen. Er war im Frühjahr 1953 aus dem bereits erwähnten Rüst geflüchtet und unterwegs nach Westberlin geschnappt worden. Ihn steckten sie für ein halbes Jahr ins Gefängnis. Heutzutage wollen sich manche Dagebliebene nicht mehr an diese Zeit erinnern, tun so, als wenn nichts gewesen sei. Mehrmals hörte ich nach der Wende den Ausspruch: »Worum sünd's weglopen?«

Flucht nach Westberlin und Lagerleben

Unsere Flucht hatten wir für den 31. Mai 1953 geplant. Mein Bruder Jürgen hatte sich schon drei Monate vorher abgesetzt. Damit unsere Flucht nicht sofort entdeckt wurde, war meine Mutter schon mittags losgeradelt. Ich ging am Abend erst noch nach Herzfeld zum Tanzen bei Johann Brüning. »Nur nichts anmerken lassen«, dachte ich. Um Mitternacht fuhr ich noch zurück zum Hof. Mit Wehmut verließ ich alles, was mir lieb und teuer war, und fuhr mit dem Fahrrad nach Grabow zum Bahnhof. Moritz, unser Hund, saß in der Hofeinfahrt und schaute hinterher. Wie ich später erfuhr, hat er 14 Tage kein Fressen angerührt und immer auf unsere Rückkehr gewartet.

Am 1. Juni '53 meldeten wir uns in der Kuno-Fischer-Straße an. »Was ist denn heute wieder los?« hieß es, »es sind wieder an viertausend!« Dreitausend bis viertausend Flüchtlinge waren es täglich, die sich dort anmeldeten und auf die verschiedenen Lager verteilt wurden. Wir kamen in das Lager Salzufer 14 am Landwehrkanal in Berlin-Charlottenburg.

Das Lager war ein mehrstöckiges Fabrikgebäude. Männer und Frauen wurden in getrennten Schlafsälen untergebracht. Ich kam in einen Saal mit 240 Feldbetten, immer zwei übereinander. Als erstes wurde ich von einem jungen Mann, ein wenig älter als ich, angepumpt. »Hast du 'ne Zigarette?« Ich gab ihm eine Juno aus der Sechserpackung. Der Verwalter, der mich einwies, sagte: »Ich habe aber kein Bett mehr frei, alles belegt!« Dann sollte ich erst mal eine Nacht mit jemandem zusammen schlafen. Aber ich hatte Glück. Der junge Mann bot mir sein Bett an. »Ich schlafe heute Nacht bei meinem Freund.« Bei einem Einbruch in der Stadt wurde er verhaftet. Ich habe ihn nie wiedergesehen, aber ich hatte sein Bett.

Gegessen wurde unten im großen Saal. Mit den Mädels an

der Essensausgabe schäkerte ich ein bißchen, das vergrößerte die Portion.

Morgens und abends wurden Brot, ein Klecks Marmelade, ein Klecks Butter auf Pergamentpapier und ein Stückchen Schmierwurst verteilt. Immer gab es Schmierwurst, bei jeder Mahlzeit. Auch heute, nach fünfzig Jahren, esse ich keine Schmierwurst mehr. Für die älteren Leute reichten die Portionen, aber für einen jungen Mann mit einem Bärenhunger hätte es ein bißchen mehr sein können. Aber ich kam zurecht. Immer waren Leute da, die mir von ihren Portionen etwas abgaben, weil sie es nicht aufessen konnten. Ich nahm es dankbar an.

Politisch spitzte sich die Lage in Berlin zu. Am 16. Juni begannen die Aufmärsche in Ostberlin. Am 17. Juni strömten auch wir zum Brandenburger Tor. Auf der Ostseite, in der Stalinallee, waren sowjetische Panzer aufgefahren. Auf der Westseite protestierten tausende Menschen und beschimpften die Volkspolizei, die in lockerer Schützenkette ab und zu über die Menge schoß. Hinter den Volkspolizisten standen im Abstand von 30 Metern Rotarmisten mit ihren Maschinenpistolen. Ab und zu hörte man das Sirengeheul eines Krankenwagens. Später erfuhren wir, daß es auch Tote gegeben hatte. Wir hatten Angst, daß die Russen nun auch in Westberlin einmarschieren könnten.

Mit dem Ausfliegen in die BRD dauerte es noch. So schnell konnten alle Flüchtlinge gar nicht ausgeflogen werden. Nun lernten wir das zerstörte Berlin kennen. So stand auch acht Jahre nach Kriegsende kein einziges Haus an der Charlottenburger Chaussee, heute »Straße des 17. Juni.«

Ganz besonders in Erinnerung bleiben mir die Messehallen am Funkturm, wo wir uns die ersten elf Tage, Tag für Tag anstellen, mußten, um die Anerkennung als Flüchtling aus der sowjetischen Besatzungszone, wie es damals im Westen hieß, zu bekommen.

Hin und wieder konnte man sich ein paar DM durch Gelegenheitsarbeiten verdienen. So schloß ich mich ein paar Männern an, um Zuckersäcke im Hafen zu entladen. Diese Säcke mußten wir dann von der Ablage auf den Schultern in das Lager schleppen. An dem Tag hatten wir noch Glück, daß es nur 50 kg-Säcke waren. Tags zuvor waren es noch 100 kg pro Sack gewesen. Da machte so mancher Mann schon mittags schlapp und ließ sich seinen Lohn auszahlen. Viel war es ohnehin nicht. Gerade mal 6 DM für zehn Stunden schuften.

Abends mußte man fein aufpassen, daß man es nicht gleich wieder in der Wirtschaft ausgab. Das hatten die Mädchen schnell mitgekriegt.

Nach sechs Wochen wurden wir aus Berlin mit zweimotorigen britischen Propellermaschinen nach Hamburg-Fuhlsbüttel ausgeflogen. Am nächsten Tag ging es mit dem Bus weiter nach Lübeck-Blankensee, einer ehemaligen Fliegerkaserne der Wehrmacht. Schon einen Tag später kam ein Bauer aus Mannhagen in Schleswig-Holstein und suchte einen Knecht für seinen Hof. Der Lagerleiter ließ mich kommen. Der Bauer verhandelte gerade mit einem anderen Lagerinsassen. Als er mich sah, sagte er: »Jung, du büst dei Richtige för mi. Du kümmst mit mi!«

Ich holte meine wenigen Habseligkeiten, sagte der Mutter Bescheid, und fuhr mit Walter Groth nach Mannhagen. Mannhagen war ein großes Bauerndorf in der Nähe von Mölln.

Walter Groth hatte einen großen Hof von 240 Morgen, vier Kaltblüter, einen Hanomag 30 PS, 20 Milchkühe und einen Bullen, der mit auf der Weide lief. Der Bulle war nicht ganz sauber, deshalb schleppte er eine lange, schwere Kette mit sich herum. Das war notwendig geworden, weil er kurz zuvor einen alten Mann, der morgens auf der Weide beim Melken half, auf die Hörner genommen hatte. Nur durch das mutige Dazwischengehen von Walter Groth mit der Mistforke wurde das Allerschlimmste verhindert.

Es war Erntezeit und viel zu tun. Ein Arbeiter, Hannes hieß er, und ich stellten Tag für Tag die Hocken auf. Da wußte man, was man getan hatte. Dann wurde das Korn eingefahren. Morgens vor dem Frühstück luden Hannes, ich und noch zwei Mann schon zwei Wagen ab. So ging das jeden Tag, bis die Ernte eingebracht war. Abends mußte ich dann noch die Pferde füttern. Dann war es auch Zeit, schlafen zu gehen. Am Monatsende bekam ich 120 DM. Das war damals noch 40- DM über Tarif in der Landwirtschaft.

Nach fünf Wochen ging ich wieder zurück ins Lager. In der Fliegerkaserne wohnten wir mit drei Familien in einem Zimmer. Essen gab es wieder im großen Saal. Die Frauen mußten ehrenamtlich in der Küche helfen, auch meine Mutter. Im September konnte man sich etwas Geld beim Bohnenpflücken und Kartoffelsammeln verdienen. Morgens holten uns die Busse ab und brachten uns auf die Felder bei Lütjenburg. Für einen Sack Bohnen gab es 90 Pfennig. Die Bohnen wurden dann gewogen und auf große Hänger geschüttet und zur Konservenfabrik nach Lübeck gebracht. Mehr als fünf oder sechs Sack schaffte ich nicht. Einige schafften sieben Säcke voll. Ich fragte einen, der neben mir pflückte:»Wie schaffst du das?« Er verriet mir sein Geheimnis:»In jeden Sack lege ich ein bis zwei Steine hinein. Da die Leute an der Waage Schlange stehen und danach erst ausgeschüttet wird, fällt das gar nicht auf.« Ich versuchte es auch einmal. Es klappte, aber ich hatte ein ungutes Gefühl. Es liegt nicht jedermann.

Ein andermal ging's zum Kartoffelsammeln. Mich fischte der Bauer direkt aus der Menge und nahm mich mit zum Abladen. So hab ich dann den ganzen Nachmittag, bis zum Dunkelwerden, Kartoffeln vom Wagen mit der Kartoffelforke abgeladen. Kaum war der eine leer, wurde schon der nächste auf die Diele gefahren. Heute wundert man sich, woher der kaputte Rücken kommt.

Am Abend wurde entlohnt. Die Sammler bekamen 5 DM. Ich bekam 7 DM, weil ich die schwerste Arbeit getan hatte. Dann gab es Abendessen. Danach ging's mit dem Bus wieder zum Lager.

Das »Sprungbrett« Kohlenpott

Zwei Lagerfreunde überredeten mich, mit ihnen im Kohleberg-
bau anzuheuern. Da ich mit 18 Jahren damals noch nicht voll-
jährig war, brauchte ich eine Einverständniserklärung meiner
Mutter. Nachdem alle Untersuchungen positiv verlaufen waren,
sollte es am 30. September losgehen. Am Abend vor der Abreise
war in der Lagerhalle eine Filmvorführung. Rein zufällig war es
ein Film über die Arbeit der Kumpels unter Tage, mit Stollen-
bruch und Wassereinbruch, wobei die Bergleute eingeschlossen
wurden. Mir kamen langsam Zweifel, ob ich mich richtig ent-
schieden hatte. Zu allem Übel fragten mich meine Bekannten:
»Und da willst du hin?« Ich entgegnete: »Wer A sagt, muß auch
B sagen!« So landeten meine beiden Freunde und ich am 1. Oktober 1953 in Mülheim a. d. Ruhr beim Mülheimer Bergwerks-
verein. Unsere Unterkunft war die ehemalige Infanteriekaserne
am Kaiserplatz. In der Kantine gab es einmal am Tage warmes
Essen. Morgens und abends war Selbstversorgung. Geschlafen
wurde mit acht Mann auf einem Zimmer. Alle zehn Tage gab es
Lohn in der Lohntüte, Kost und Unterkunft abgezogen, blieben
noch 190 DM. Im Vergleich zu anderen Arbeiten war es damals
ein guter Lohn. Viel übrig blieb trotzdem nicht, denn als Junggeselle allein in der Stadt ist das Leben ein bißchen teurer.

Im Mai 1954 kam meine Mutter vom Lager Lübeck-Blankensee ebenfalls nach Mülheim in ein Lager nach Mülheim-
Saarn. Es war wieder ein altes Fabrikgebäude, dreigeschossig.
Die Familien bekamen mit Decken und Laken abgeteilte Areale
zugewiesen. Unser Inventar bestand aus zwei übereinanderste-
henden Feldbetten, einem kleinen Tisch, einem Stuhl und einem
kleinen Regal. Als Trost hatten wir die Hälfte von einem großen
Fabrikfenster und einen herrlichen Ausblick auf die Ruhr und
den Kahlenberg. Gemeinschaftswaschräume rundeten das Bild
ab. Hier war Selbstversorgung angesagt. Im Keller war ein gro-

ßer Raum mit fünfzig zweiflammigen Gasherden. Jeder mußte für sich selber kochen und einkaufen.

Ich hatte dem Bergbau den Rücken gekehrt, weil ich vor Kohle im Streb arbeiten sollte. Bisher arbeitete ich als Gedingeschlepper im Gleisbau. Wir reparierten die Gleise, damit die Loks die Kohlenzüge zum Schacht ziehen konnten. Als Kohlenhauer verdiente man zwar mehr, die Arbeit war aber auch gefährlicher. Unfälle waren an der Tagesordnung, und es bestand die Gefahr, eine Staublunge zu bekommen. Den Bergbau hatte ich sowieso nur als Sprungbrett betrachtet. Innerhalb von drei Tagen hatte ich wieder Arbeit im Tief- und Straßenbau. Es dauerte dann noch ein ViertelJahr, bis ich bei den Rheinischen Röhrenwerken in Mülheim-Ruhr, heute Mannesmann, anfangen konnte, und zwar mit einem Stundenlohn von 2,10 DM.

Arbeit bekam man, aber keine Wohnung. Es war zu viel kaputtgebombt worden. Ganze Straßen lagen in Schutt und Asche. Es wurde zwar viel gebaut, aber es reichte nicht. So blieben wir notgedrungen in dem Flüchtlingslager, bis wir im Oktober 1955 unsere erste Wohnung bekamen.

Die sogenannten Wirtschaftswunderjahre nutzte ich zur Existenzsicherung. Der Nachholbedarf war riesig. Das erste Jahr in der BRD bekam meine Mutter noch keine Kriegerwitwenrente, also mußte ich sie miternähren. Die Wohnung ging sowieso auf meinen Namen, weil sie kein Einkommen hatte. Jede Gelegenheit nutzte ich zum Geldverdienen. Die ersten Jahre waren 48 Stunden in der Woche die Regel. Bei Frühschicht kam dann noch der Meister und sagte:»Du machst heute doppelt", das hieß dann von morgens 6 Uhr bis abends 22 Uhr. Oft kam das zweimal die Woche vor. Wenn ein Schiff im Duisburger Hafen lag, mußte man auch sonntags arbeiten.

Familiengründung – Weiterbildung – Studium

Trotz der vielen Arbeit fühlte ich mich nicht befriedigt. Deshalb besuchte ich für zweieinhalb Jahre die Abendschule beim Lehrinstitut Zimmermann in Duisburg, um die mittlere Reife nachzuholen. Die Arbeit bei Mannesmann ging natürlich weiter. Das war sehr belastend und nicht so einfach, wie es sich hier liest.

Damit ich abends für drei Stunden die Schule besuchen konnte, wechselte ich innerbetrieblich die Arbeit und verdiente dadurch weniger. Davon gingen dann noch das Kostgeld, die Fahrkosten und das Schulgeld ab, so daß für mich nicht mehr viel übrigblieb. Die Freizeit am Wochenende beschränkte sich auf ein Minimum. Die Zeit benötigte ich, um mich für die Arbeiten vorzubereiten.

An der Schule fingen wir mit 60 Abendschülern an, die auf zwei Klassen verteilt wurden. Nach zwei Semestern blieben nur noch 30 Schüler übrig, die anderen waren abgesprungen. Mit 16 Schülern wurden wir zur externen Prüfung zugelassen, davon bestanden dann 12.

1960 lernte ich meine Frau kennen. Es war Liebe auf den ersten Blick. Sie stammte aus Schlesien und war 1946 mit ihren Eltern und der Schwester von den Polen vertrieben worden. Innerhalb von 20 Minuten mußten sie die Heimat verlassen. Mitnehmen durften sie nur das Allernötigste. In Mülheim a. d. Ruhr hatten sie eine neue Existenz gefunden.

Am 9. November 1961 heirateten wir. Jeder wohnte zunächst bei seinen Eltern, weil einfach keine Wohnung zu haben war. Es war im Krieg zu viel zerstört worden. Im Mai 1962 besorgten wir uns für viel Geld eine Altbauwohnung, die wir erst noch bewohnbar machten. Meine Frau hatte sich dafür ihre Rentenanteile von der Rentenversicherung auszahlen lassen.

Dann wurden unsere Kinder Birgit und Volker geboren. Da wir zunächst nur eine Küche und ein Wohnzimmer hatten – das Schlafzimmer hatte die ehemalige Hausbesitzerin für ihren Sohn reserviert –, wohnten wir jetzt sehr beengt.

Bei Mannesmann arbeitete ich inzwischen auf dem Büro als kaufmännischer Angestellter.

Nach neun Jahren Büroarbeit sah ich in dem Beruf keine Zukunft, zumal sich die Computer immer mehr ausbreiteten. Deshalb belegte ich noch einmal Kurse an der Volkshochschule zur Vorbereitung auf die Begabtensonderprüfung, um studieren zu können.

Meine Frau und meine Mutter waren zunächst gar nicht davon begeistert. Von September 1968 bis Mai '69 ging ich zweimal in der Woche abends zur Volkshochschule. Mit 30 Leuten, meistens schon verheiratet und im Beruf, fingen wir an. Am Ende waren wir 19, die zur Prüfung an der Pädagogischen Hochschule in Duisburg und Dortmund zugelassen wurden. Von den 14 Schülern, die in die Prüfung gingen, bestanden sieben. Es war eine harte Auslese.

Nun mußte ich mich entscheiden. Sollte ich meine Arbeit aufgeben? Wovon sollten wir leben mit Frau und drei Kindern?

Inzwischen war auch noch Thorsten geboren worden. Studienförderung stand mir zwar zu, aber sie würde bei weitem nicht reichen. Es war mit Sicherheit meine schwerste Entscheidung. Aber meine Frau stand zu mir. Sie meinte, es wäre doch schade, wenn ich jetzt nicht studieren könne. Andererseits bedeutete es für uns alle Einschränkung und Verzicht auf so manchen Konsum. Wir kratzten alles zusammen. Das Geld für den angesparten VW ging als erstes drauf, denn die Studienförderung reichte nicht für die Familie. Auch der Kredit von der DAKA und das Wohngeld reichten nicht für den Unterhalt. Deshalb arbeitete ich in den Semesterferien wieder bei Mannesmann und an den Wochenenden als Kellner. Und meine Frau arbeitete an zwei Tagen in der Woche als Verkäuferin, und meine Mutter versorgte dann den Jüngsten und kochte das Mittagessen. So kamen wir über die Runden.

Im Sommersemester 1970 fing ich mit dem Studium in Duisburg, an. Die Pädagogische Hochschule lag direkt hinter dem Duisburger Wald. Da ich noch kein Auto hatte, fuhr ich jeden Morgen mit dem Rad von Mülheim durch den Wald zur Hochschule. Es war eine schöne Zeit. Die Tour durch den Wald, vorbei an einem Bach, dessen Ufer im Mai und Juni voll blühender Blumen standen, war eine Erholung.

Von den jungen Studenten wurden wir älteren, ich war immerhin schon 35, schnell akzeptiert. Sie wunderten sich über unseren Arbeitseifer und über unsere Zielstrebigkeit. Bald merkten sie, daß wir gut mithalten konnten.

Trotz aller Sparsamkeit fuhren wir noch in Urlaub in die Lüneburger Heide. Es war unser erster gemeinsamer Urlaub, billig, aber schön. An der Pension in Dorfmark floß die Böhme vorbei. Ein Fluß, in dem man baden und angeln konnte. Abends saßen wir oft mit anderen Gästen im Garten. Viele kamen aus dem Ruhrgebiet. Dann wurde erzählt und Korn eingefahren. Die Flasche stand immer im Kühlschrank bereit. Wir mußten nur nachhalten, wieviel getrunken wurde.

Wir hatten auch Glück und konnten beim Heideblütenfest dabeisein. Von weither kamen die Leute zum Umzug, um die geschmückten Wagen und die Heidekönigin zu sehen.

1973 schloß ich das Studium mit „gut" ab. Nach der Referendarzeit unterrichtete ich bis 1979 an der katholischen Grundschule am Schildberg in Mülheim. Als wir uns 1978 in Schermbeck ein Reihenhaus kauften, ließ ich mich nach Dinslaken an die Volksparkschule versetzen. 1986 machte ich die Prüfung zum Konrektor und erhielt 1989 eine Stelle an der Gemeinschaftsgrundschule in Friedrichsfeld. Bald mußte ich den Schulleiter vertreten, der leider verstorben war.

Inzwischen hatte sich einiges in Deutschland und der Welt verändert. Der ganze Ostblock war in Bewegung geraten. In

Polen hatte Lech Walesa den Umbruch in Gang gesetzt. In Rußland predigte Gorbatschow mit Glasnost und Perestroika für das Ende der kommunistischen Herrschaftsstrukturen. In der Tschechoslowakei flüchteten immer mehr Menschen aus der DDR in die deutsche Botschaft.

Mit meiner Mutter, die damals bei meinem Bruder in Bayern wohnte, sprach ich über dieses Phänomen und sagte: »Denen in der DDR-Regierung bleibt gar nichts weiter übrig, als die Grenze zu öffnen.« Zwei Monate später war es dann soweit. Am Abend des 9. November 1989 wurde die Grenze geöffnet. Meine Frau und ich schauten gerade die Spätnachrichten im Fernsehen. Wir konnten es zuerst gar nicht glauben, bis wir dann sahen, wie immer mehr Menschen auf die Mauer kletterten und die Grenzpolizei der DDR nichts dagegen unternahm. Meine Mutter hat die Wende leider nicht mehr miterlebt. Sie starb am 5. Oktober 1989.

Kurz vor Weihnachten wurde ich an der Bandscheibe operiert. So gehandikapt, war ich in meinem Tatendrang, wo doch viele Entscheidungen zu treffen waren, für fast ein Jahr ziemlich eingeschränkt.

Seit 1983 fuhren wir jedes Jahr nach Mecklenburg. Für eine Woche fuhren wir nach Peckatel zu Tante Annemarie und Onkel Lorenz. Anschließend fuhren wir nach Stresendorf. Da wir im Ort keine Verwandten hatten, waren wir dankbar, daß Anni Krüger und ihre Tochter Sigrid für uns eine Aufenthaltsgenehmigung einreichten. Jedesmal wurden wir freundlich aufgenommen und gut bewirtet. Auch in Peckatel waren wir gerngesehene Gäste. Wir wurden voll in Beschlag genommen. Man wollte uns alles zeigen.

Es war jetzt alles so ganz anders als früher. Als wir 1975 das erste Mal nach 22 Jahren in der DDR zu Besuch waren, kamen mir die Gebäude viel kleiner vor, z. B. unser Haus, der Glockenturm. Auf mehreren Höfen waren die Viehställe und Scheunen umgebaut worden. In einem Stall waren nur Mastbullen, in einem anderem die Milchkühe usw. Die Milchkühe, je nach Größe des Dorfes, wurden in einer oder zwei großen Herden gehalten und an großen Melkständen mit der Hand, später mit Melkmaschinen gemolken.

600 Jahre - Stresendorf

1389 - 1989

Der ganze Acker und die Wiesen wurden jetzt gemeinschaftlich von der LPG bewirtschaftet. Fast alle Dorfbewohner arbeiteten in der LPG. Nur die großen Gärten am Hof wurden in Eigenregie bearbeitet und dienten der Selbstversorgung, ebenso das Kleinvieh, wie Hühner, Enten und Gänse. Viele hielten sich nebenbei auch ein paar Schweine und ein oder zwei Mastbullen, die dann gerne vom Westen aufgekauft wurden und dem DDR-Staat wertvolle Devisen brachten. Am besten hatten es die Schweine. Sie wurden überwiegend mit Brot gefüttert, das als Grundnahrungsmittel sehr billig war. Es kostete 70 Pfg. bzw. 90 Pfg.

Die Gräben wurden von den privaten Viehhaltern sorgfältig ausgemäht und das Gras zu Heu gemacht. Im Herbst wurden die abgeernteten Kartoffelfelder nachgesammelt und gestoppelt. Heute bückt sich keiner mehr nach Kartoffeln auf abgeernteten Feldern.

Ja! Es war eine andere Zeit. Obwohl man für die Dauer des Besuchs kostenfrei lebte, war der Aufenthalt trotzdem nicht ganz billig. Pro Person/Tag mußte man 25 DM in DDR-Geld umtauschen, und es war gar nicht so einfach, etwas Sinnvolles dafür zu kaufen.

Echt störend war jedesmal die Ein- und Ausreise. Zwei Stunden dauerte es mindestens an der Grenze, ehe die Formalitäten erledigt waren. Auf der A 24 in Richtung Berlin mußte man andauernd auf den Tacho gucken, damit man nicht über 100 km/h kam, denn an mehreren Stellen standen die Radarwagen der Volkspolizei, um für Devisen zu sorgen.

Besonders schlimm war es bei der Ausreise. 1988 hatten wir die Nase voll. Wir mußten alles aus dem Wagen ausräumen. Vom Gepäckträger mußte ich den Koffer herunterholen und mit in die Kontrolle bringen. »Öffnen Sie den Koffer!« sagte der Vopo unfreundlich. Ich machte den Koffer auf und schlug den Anzug und die Hemden zur Seite. Jetzt hieß es: »Packen Sie den Koffer aus!« »Genügt das nicht?« fragte ich. »Nein, das genügt nicht!« war die Antwort. In mir kochte es, aber ich mußte mich beherrschen. Dann konnte ich wieder alles einpacken. Draußen umkreiste ein Vopo mit einem fahrbaren Spiegel meinen PKW. Bei einem Mercedes führte ein anderer eine lange Sonde in den Tank. Wir waren jedesmal froh, wenn wir durch die Kontrolle waren. An der Raststätte Gudow machten wir halt und sagten uns:»Das war vorerst das letzte Mal.« Aber dann kam alles ganz anders.

Zur 600-Jahr-Feier fuhren wir, meine Frau, Thorsten und ich, im Juli 1989 wieder rüber. Keiner ahnte, daß im November die Mauer fallen würde.

Ab dem 13. Juli 1989 feierten die Stresendorfer ihr 600jähriges Ortsjubiläum (vgl. den nebenstehenden Zeitungsbericht SVZ 15./16. Juli 1989, Seite 8).

S V Z 15./16. J U L I 1989 S E I T E 8

Vieles hat sich auch in Stresendorf verändert

600jähriges Ortsjubiläum mit einer Festveranstaltung gewürdigt
Dank an den vielfältigen Fleiß der Einwohner

Das 600jährige Bestehen ihrer Gemeinde begehen an diesem Wochenende die Stresendorfer. Am Donnerstagabend hatte Genosse Herbert Möller, Mitglied des Sekretariats der SED-Kreisleitung und Vorsitzender des Rates des Kreises, der Volksvertretung und den Einwohnern die herzlichsten Glückwünsche im Rahmen einer Festveranstaltung überbracht. Er verband diese mit dem herzlichsten Dank für die hohe Einsatzbereitschaft und die vielfältigen Aktivitäten in Vorbereitung auf dieses Jubiläum.

In der Grußadresse heißt es weiter: „Die Bürger Ihres Dorfes leben heute in menschenwürdigen, mit der damaligen Zeit in keiner Weise zu vergleichenden Verhält-nissen. Sie leben in Frieden und Wohlstand. Die Entwicklung widerspiegelt die revolutionäre Umwandlung auf dem Lande, die sich in vier Jahrzehnten unter Führung der SED im Bündnis mit den befreundeten Parteien vollzogen hat."

Besonders positiv ist die Bilanz der letzten fünf Jahre, in denen im engen Zusammenwirken mit den Betrieben, Genossenschaften und Einrichtungen und durch die vielen Aktivitäten der gesellschaftlichen Kräfte und der Bürger umfassend die Arbeits- und Lebensbedingungen verbessert wurden. So gibt es heute in Stresendorf eine Konsumverkaufsstelle, eine zentrale Wasserversorgung und viele modernisierte Wohnungen.

»Der Vorsitzende des Rates des Kreises Parchim Herbert Möller überbrachte die herzlichsten Glückwünsche und hob hervor, daß ›die Bürger des Dorfes heute in menschenwürdigen Verhältnissen leben‹, und daß sie die revolutionäre Umwandlung auf dem Lande der SED-Führung zu verdanken haben.« Dann sagte der Bürgermeister aus Ziegendorf ein paar Worte über die Entwicklung des Dorfes, z. B. daß Stresendorf »im 40. Jahr der Deutschen Demokratischen Republik seinen 600. Jahrestag der urkundlichen Ersterwähnung feiert«. Weiter heißt es, daß »die Stresendorfer ihre ganze Kraft in den Dienst des sozialen Aufbaus stellten und so für nunmehr 44 Jahre Frieden sichern halfen. Stresendorf ist ein mecklenburgisches Dorf mit 97 Einwohnern. Hier sind ein Teil der Produktionsanlagen der LPG Tierproduktion Wulfsahl ansässig, in denen ein Großteil der Bevölkerung eine gute genossenschaftliche Arbeit leistet.« Der Schluß der Rede lautet: »Die Eltern und Großeltern der jetzt lebenden Stresendorfer waren gewiß so fleißig, wie diese es heute selbst sind, jedoch nur unter sozialistischen Bedingungen konnte Stresendorf sich zu dem entwickeln, was es heute ist.«

Am Samstagabend gab es dann für alle Dorfbewohner ein Festessen. Das gemütliche Zusammensein fand in einem großen Zelt der NVA statt. Der Sonntag begann mit einem Frühschoppen. Da kamen allerhand Leute zusammen, auch aus den Nachbardörfern. Mehrere hatte ich 40 Jahre lang nicht mehr gesehen. Da gab es eine Menge zu erzählen. Getrunken wurde hauptsächlich Weinbrand, Marke Goldkrone, und Bier. Manche kauften gleich mehrere Flaschen Weinbrand für zu Hause, weil er sonst nicht überall zu haben war. Zum Frühschoppen spielte auch eine Blaskapelle. Als Bühne diente ein großer Anhänger, dessen Vorderfront aufgeklappt worden war. Abends wurde dann noch getanzt.

Historische Daten zu Stresendorf

1389   wird Stresendorf in einer Urkunde unter dem Namen Strezendorpe erstmals erwähnt. In der Urkunde heißt es unter anderem: »Gottfried und Ludolf Neuenkirchen, Brüder, verkaufen an das Kloster Eldena alle ihre Besitzungen in Stresendorf mit der Mühle samt aller Gerechtigkeit.« (Vgl. Urkunde von 1389)

1312   waren im Lande Marnitz 7 Klosterdörfer: Herzfeld, Karrenzin, Groß-Godems, Klein-Godems, Wulfsahl, Stresendorf und Ziegendorf nachweisbar.

1353   erwarben die Bürger Pressentin, Eickhorst, Neukirchen und Bosel Hufen (Eigentum in Stresendorf).

1603   wird Stresendorf als Filialdorf aufgeführt.

1618   im 30jährigen Krieg ist die Kapelle abgebrannt. Von dieser Kapelle sind zwei Glocken erhalten geblieben. Eine der Glocken wurde 1518 gegossen.

1791   Bau des Glockenturms

1827   stellte der Schulze Kolbow einen Antrag zum Bau einer Schule.

1831   wurde das Schulgebäude fertiggestellt.

1837   gab es in Stresendorf 60 Kinder, 50 konnten nur unterrichtet werden. 10 Kinder mußten nach Herzfeld in die Schule gehen.

1924   pachteten Stresendorfer Häusler und Büdner 40 ha Acker und Wiesen vom Gut Möllenbeck aus der Feldmark Horst.

1929/30 wurde Stresendorf von Feuersbrünsten heimgesucht. Alle strohgedeckten Niedersachsenhäuser brannten ab.

1936   begannen die Stresendorfer Bürger mit dem Bau eines Steindammes an der Straße Grabow-Marnitz durch den Zuschlag. Die Pflastersteine wurden mit Pferdefuhrwerken aus den Ruhner Bergen herangefahren.

1945	am 3. Mai um 14.30 Uhr trafen die Truppen der Sowjetarmee in Stresendorf ein.
1945	wurde Karl Kopplow als erster Bürgermeister in Stresendorf nach dem Krieg eingesetzt.
1946	am 24. 2. Bildung einer Bodenreformkommission. Den Vorsitz übernahm Hermann Menk.
1948	Gründung der Freiwilligen Feuerwehr. Erster Wehrleiter wurde Hermann Menk.
1949	wurde die Volksschule in Stresendorf geschlossen.
1950	erfolgte die Eingemeindung nach Ziegendorf.
1952	gehörte Stresendorf noch zum Kreis Ludwigslust, danach zum Kreis Parchim.
1953	erhielt Stresendorf eine Straßenbeleuchtung.
1953	verlassen Frieda Holm u. ihre Söhne Franz u. Jürgen und Otto Gehrke die DDR („republikflüchtig").
1953	Gründung der ÖLB (örtliche Landwirtschaftsbetriebe), Leiter war Walter Kahlbohm sen.
1955	wurde die bereits in den 30er Jahren begonnene Pflasterstraße von Stresendorf zum Anschluß an die Chaussee Marnitz-Grabow fertiggestellt.
1955	entstand aus den ÖLB am 8. 1. die LPG Typ III »Neues Deutschland«. Leiter wurde Otto Filter. LPG Typ III: alles wird gemeinschaftlich bearbeitet.
1960	wurden zwei weitere LPGn Typ I gebildet (Nur die Viehhaltung ist noch privat, das Land wird gemeinschaftlich bearbeitet).
1961	schlossen sich alle LPGn zu einer LPG Typ III zusammen. Das Vieh wurde nun auch genossenschaftlich gehalten.
1973	Gründung der KAP Karrenzin (Kooperative Agrarproduktion). Die LPG Stresendorf und die LPG Wulfsahl wurden vereint. Vorsitzender wurde Heinz Rosenau.

Die landwirtschaftliche Nutzfläche wurde der KAP Karrenzin zugeordnet. Der Leiter war Willi Feser.

1974   wurde die Pflasterstraße mit einer Schwarzdecke versehen.

1978   konnte der Bau der Straße nach Herzfeld abgeschlossen werden. Somit konnte der langersehnte Wunsch der Stresendorfer, an den Linienverkehr angeschlossen zu werden, in Erfüllung gehen.

1980   wurde in Stresendorf der ehrenamtliche Bürgermeister Werner Hahn für den Ortsteil Stresendorf eingesetzt.

1984   schufen sich die Stresendorfer in Bürgerinitiative und mit Unterstützung der Betriebe eine Friedhofskapelle.

1987   wurden die Arbeiten für die zentrale Wasserversorgung begonnen.

1988   konnten die Stresendorfer Haushalte bereits angeschlossen und versorgt werden.

1989   13. Juli: 600-Jahr-Feier Stresendorf.

1389. Juli 13.   **12115.**

*Gottfried und Ludolf Neuenkirchen, Brüder, verkaufen an das
Kloster Eldena alle ihre Besitzungen in Stresendorf.*

In ghodes namen, amen. Jk Ghodeke vnde Ludeke, brûdere, ghe-
heyten Nygenkerken, bekennen vnde bethughen openbare in desseme breue vor
alle den yenen, de ene zen edder horen lezen, dat wy myt wyllen vnde wl-
bort alle vzer rechten eruen hebben vorkoft thu eneme rechten ewyghen kope
deme proueste, der priorynnen vnde deme gantzen conuente des ghodeshuzes
tho der Eldena alle vze ghud, dat wy hadden tho Strezendorpe, myt allerleye
rechte, rychte hogest, myddelst vnde zydest, myt mølen vnde myt allerleye
nûd vnde thobehorynghe, wo me de beten vnde nomen mache, an holte, an
velde, an weyde, an wyschen, an bruken vnde an muren, an watere, an
weghen, an vnweghen, alzo houe vnde houen lyghen in al eren scheden,
alze wy yd gy vrygest had hebben vnde bezethen wente in desse tyd, vnd
vs vnde vzen eruen dar degher nychtes ane tho beholdende, yd zy ghenomet
in desme breue edder nycht. Dessed vorbenûmede ghud heft vs her Luder,
de prouest van der Eldena, tho danke vnde tho nûge bered, vnde desses vor-
benûmeden ghudes schole wy vorbenomeden Ghodeke vnde Ludeke myt vsen
rechten eruen deme proueste, priorynnen vnde deme gantzen conuente tho der
Eldena vnbeworren waren, alze en recht ys, vnde scholen vnde wyllen em
dat vorlaten vor vzen heren van Mekellenborch, wan ze dat van vns eschen.
Alle desse vorbenomeden stukke loue wy Ghodeke vnde Ludeke vorscreuen
myd vzen rechten eruen deme proueste, pryorinnen vnde deme gantzen conuente tho der Eldena in ghuden trûwen stede vnde vast thû holende zûnder
yenegherhande arghelyst, hulperede edder vortochc. Vnde hebben des thû
thûghe vnde tho groter bekantnitze vse inghezeghele myt wytschop vnde
ghudeme wyllen ghelaten henghet an dessen bref, de gheuen vnde screuen ys
na ghodes bort dusent yar drehundert yar an deme neghen vnde achtentyghesten
yare, in sunte Margareten daghe der hylghen iuncvrowen.

Nach dem Original im Haupt-Archive zu Schwerin. An Pergamentstreifen hängen zwei Siegel:
1) rund: der stehende Schild gespalten; rechts eine Ranke, links eine halbe Lilie; Umschrift:

☩ S' GODɑ — — IGɑNKɑ[R]KɑN

2) schildförmig: ein Schild wie Siegel 1; Umschrift unlesbar.

1389.

1389. Juli 13.

12114.

Ludolf und Nicolaus Gruwel, verkaufen an das Kloster Eldena
alle ihre Besitzungen in Stresendorf.

In godes namen, amen. Jk Ludeke Gruwel vnde ik Clawes Gruwel,
Ludekens zøne, bekennen vnde betûghen openbare iñ desseme breue vor alle
den yenen, de ene zeen edder lezen horen, dat wy myt wyllen vnde vulbort
alle vser rechten eruen hebben vorkoft to eneme rechten ewighen kope deme
proueste, der priorynnen vnde deme gantzen kouente des godeshuzes to der
Eldena alle vse gud, dat wy hadden to Strezendorpe, myt allerleye rechte,
richte hoghest, middelst vnde zydest vnde myt aller nût vnde tobehoringhe,
wo me de heten vnde nûmen mache, an holte, an velde, an weyde, an
wischen, an bruken, an mûren, an watere, an weghen, an vnweghen,
alzo houe vnde hûfen ligghen in al eren scheden, alze wy yd ye vrigest
had hebben vnde beseten wente in desser tyd, vnde alzo wy id ghecoft
hadden van den Nygenkerken vnde vs vnde vsen eruen dar degher nichtes
ane to beholdende, yd sy genomet in desseme breue edder nicht. Desset
vorebenomede gud heft vs her Luder, de prouest van· der Eldena, to danke
vnde to nûghe bered vnde desses vorebenomeden gudes scole wy vorebenomeden
Ludeke vnde Clawes myt vsen rechten eruen deme proueste, priorynnen vnde
deme gantzen kouente to der Eldena vmbewûren waren, alze en recht is. Alle
desse vorebenomeden stucke loue wy Ludeke vnde Clawes vorescreuen myt vsen
rechten eruen deme proueste, pryorynnen vnde deme gantzen kouente to der
Eldena in guden truwen stede vnde vast to holdende sunder yenegherhande
arghelist, hulperede edder voretoch. Vnde hebben des tû tughe vnde to
groter bekantnisse vse inghezeghele myt witscop vnde gudeme willen ghelaten henghet an dessen breff, de gheuen vnde screuen is na godes bort
dusent iar dreehundert iar an deme neghen vnde achtentighesten iare, in
sunte Margareten daghe der hilghen iuncvrowen.

Nach dem Original im Haupt‑Archive zu Schwerin. An Pergamentstreifen hängen 2 runde
Siegel; beide zeigen zwei ins Andreaskreuz gelegte Stäbe, zwischen denen im Schildeshaupt eine
Rose liegt; Umschriften:

1) + S' LVDƎKƎ * GRVWƎL
2) + S' NIƆOLꙀI * GRVWƎL

Übersetzung ins Hochdeutsche
1389 Juli 13.   12114
Ludolf und Nicolaus Gruwel verkaufen an das Kloster Eldena
alle ihre Besitzungen in Stresendorf.
In Gottes Namen, Amen. Ich Lüdeke Gruwel und ich Klaus Gruwel, Lüdekes Sohn, bekennen und bezeugen offenbar in diesem
Brief vor all denen, die ihn sehn oder lesen hören, das wir mit
Willen und Vollmacht unserer rechten Erben haben verkauft zu
einem rechten ewigen Kauf dem Probst, der Priorin und dem

ganzen Konvent des Gotteshauses zu Eldena all unser Gut, das wir hatten zu Stresendorf, mit allerlei Rechten, höchstes, mittelstes und niederes Gericht und mit allem Nutzen und Zubehör, wie mir das geheißen und namentlich gemacht, an Holz, an Feld, an Weide, an Wiesen, an Brücken, an Mooren, an Wasser, an Wegen, an Unwegen, wie Hof und Hufen liegen in all ihren Scheiden, so wie es je frei gewesen und besessen bis in dieser Zeit, und wie es gekauft wurde von den Neuenkirchen und uns und unseren Erben dagegen nichts von zu behalten, ob sie genannt werden in diesem Brief oder nicht. Dieses vorbenannte Gut hat uns Herr Lüder, der Probst von Eldena, zu Dank und zu Nutzen bereitet und dieses vorbenannte Gut sollen vorbenannte Lüdeke und Klaus mit unseren rechten Erben dem Probst, Prior und dem ganzen Konvent zu Eldena um ..., wie Recht ist. Alle diese vorbenannten Stücke geloben wir Lüdeke und Klaus verschreiben mit unseren rechten Erben dem Probst, Priorin und dem ganzen Konvent zu Eldena in guter Treu stets und fest zu halten ohne irgendeine Arglist, Holperrede und Verdrehung. Und haben das zu Zeuge und großer Bekenntnis unser Siegel mit Wissen und gutem Willen lassen hängen an diesen Brief, der gegeben ist nach Gottes Geburt Tausend Jahr dreihundert Jahr an dem neunundachtzigsten Jahr, an St. Magareten Tage der heiligen Jungfrau.

Wiedervereinigung und
Nebenerwerbslandwirt

Die meisten Menschen in Deutschland, hüben wie drüben, wurden von dem Fall der Mauer überrascht. Im Juli 1989 waren wir noch in Stresendorf zur 600-Jahrfeier. Die Leute waren zwar unzufrieden wie in den anderen Jahren auch, wenn wir zu Besuch bei Anni Krüger und Sigrid und Helmut waren, aber nichts deutete auf die Wende hin. Zunächst war die Euphorie groß, später trat auf beiden Seiten die Ernüchterung ein, und viele Vorurteile waren die Folge. In vielen Gesprächen konnte ich auf beiden Seiten feststellen, wie wenig die Menschen diesseits und jenseits der ehemaligen Grenze voneinander wußten.

Zur Währungsunion, Juli 1990, fuhren meine Frau, Thorsten und ich das erste Mal nach der Wende rüber. Bei Anni Krüger, die uns wie in den anderen Jahren Unterkunft gewährte, machten wir Quartier, denn unser Haus und der Acker gehörten noch der Treuhand. Im Dorf spürte ich eine Veränderung. Die Leute waren jetzt reservierter. Sonst hieß es: »Na, Franz, büst du ok wedder door!« Jetzt war es anders. Einige konnten kaum grüßen. Und man kriegte von Freunden zu hören, was andere über uns dachten: »Jetzt willn sei alls wedder hebbn. Worüm sünd's weglopen?«

Allgemein war eine gewisse Unsicherheit zu spüren. Die Eigentumsverhältnisse waren noch nicht geklärt. Die Ämter für offene Vermögensfragen traten auf der Stelle. Ohne Grundbucheintragungen wurden die Anträge auf Rückgabe gar nicht bearbeitet.

Diese waren aber nach Barby bei Magdeburg ausgelagert worden. Was sollte man machen?

Im Sommer '90, während des Urlaubs, war ich beim Leiter der LPG und sagte ihm, daß ich mein Land nun wieder selbst bestellen wollte. Er bot mir Pacht an, aber ich lehnte ab, weil ich mir die Entscheidungen offenhalten wollte. Im September bekam ich wieder Anrufe, ob ich mein Land nicht verpachten wolle, aber ich wollte mich nicht festlegen, weil Thorsten Interesse bekundet hatte.

In den Herbstferien, im Oktober 1990, fuhren Thorsten und ich wieder hin nach Stresendorf. Helmut hatte geschrieben, daß er nun die Technik habe: einen alten Deutz, 67 PS, und einen Beetpflug. Also ging ich wieder zur LPG zu Herrn Weiand und ließ mir die Flurgrenzen neu ausmessen, denn die LPG hatte alle Gräben und Knicks beseitigt und immer mehr Felder zusammengelegt. Er sagte:»Das muß man anerkennen. Mut haben Sie jedenfalls!«

So quälte ich mich ab, denn mit dem Traktor hatte ich noch nicht gepflügt. Bald mußte ich einsehen, daß das Pflügen, Eggen, Säen in einer Woche Herbstferien nicht zu schaffen war, denn am Montag mußte ich wieder zum Unterricht in der Schule sein. So machte ich zunächst einen Jahresvertrag mit der LPG. Nutzung der Wiesen und Weiden und das übrige Land gegen Einsäen, Düngen und Erntearbeiten auf Mühlheide. Beide Parteien hielten sich auch daran.

Im Sommer 1991 war ich wieder bei der LPG, um die Ernte abzusprechen. Herr Bohn meinte:»Wir halten uns an die Absprache, aber die Treuhand macht uns Schwierigkeiten.« Also fuhren meine Frau und ich zur Treuhand nach Schwerin. Der Sachbearbeiter sagte:»Das Land gehört Ihnen ja noch gar nicht. Sie können es wohl bis zur Rückgabe pachten.« So pachtete ich meinen Hof rückwirkend ab 1. Oktober 1990 bis zur Rückgabe im August 1993 und zahlte 7 500 DM Pacht. Für mich war es verlorenes Geld. Denn auch nach der Eigentumsrückgabe gab es nichts von der Pacht zurück.

Die 2 500 DM Miete, die ich für die Verwaltung der Altenteilerwohnung in unserem Haus an den Hamburger Makler Wenzel bezahlen mußte, waren ebenfalls futsch.

Ich frage mich heute noch, wofür er die bekommen hat, denn

zu verwalten gab es da nichts. Aber ich mußte ja irgendwo wohnen, wenn ich rüber fuhr, um den Acker zu bestellen. Wie sollte es überhaupt weitergehen?

Thorsten, der die letzten Jahre vor der Wende in den Sommerferien immer mit uns fuhr, hatte meine »alte« Heimat liebgewonnen. Er hatte sich mit einigen Jungen aus dem Dorf angefreundet und angelte gerne im Bach und hatte so manchen Fisch am Haken. Mit dem Melker, Peter Büttner, legte er abends Aalschnüre aus. Morgens um fünf Uhr kontrollierte er sie dann und fing so manchen Aal. Die Aale räucherte er danach mit seinem Freund in einem selbstgebauten Räucherofen. Sie schmeckten hervorragend. Da Thorsten die Mecklenburger mochte und die Gegend liebte und Interesse an der Landwirtschaft bekundete, schlug er vor, den Hof zu übernehmen. Ich war skeptisch und gab zu bedenken, daß ja nichts mehr vorhanden sei, kein Inventar und kein Vieh. Aber er sagte: »Laß es uns doch versuchen!«

Deshalb bestand ich darauf, daß er eine landwirtschaftliche Lehre machte. Zur Zeit machte er gerade eine Lehre als Groß- und Außenhandelskaufmann. Dann stand da noch ein Jahr Wehrdienst an. Da er Abitur hatte, konnte er die Lehrzeiten um ein Jahr verkürzen. Von Juli '93 bis Juli '95 machte er eine Berufsausbildung zum Landwirt bei dem Landwirt Frenz Siehl in Kasseburg und das 3. Lehrjahr bei Weißleder in Linau-Busch in Schleswig-Holstein. Mein ältester Sohn Volker zeigte kein Interesse an der Landwirtschaft. Er machte ein Studium und wurde Sozialpädagoge in Freiburg. Dort heiratete er Marina und ist inzwischen Vater von Salome und Simeon.

Unsere Tochter Birgit machte eine Lehre in Schermbeck als Verkäuferin. 1985 zog sie nach Traunreuth in Bayern, wo meine Mutter und mein Bruder Jürgen, der inzwischen geheiratet hatte, wohnten. Jürgen hatte in München sein Abitur nachgemacht, studierte danach Geschichte und Germanistik und unterrichtet als Studienrat in Traunstein.

Birgit arbeitete zuerst in Traunreuth als Verkäuferin. Danach machte sie in Waldkraiburg eine Umschulung zur Bürokauffrau. 1992 kam sie wieder in ihre Heimatstadt, Mülheim a. d. Ruhr, zurück. Dort arbeitet sie jetzt bei Mannesmann als Sekretärin. Ab und zu besucht sie uns in Schermbeck, wo man auch gut wohnen kann.

Schermbeck ist eine Gemeinde am Niederrhein mit 15 000 Einwohnern und hat eine lange Geschichte. Die Anfänge reichen bis in die Zeit Karls des Großen ins Jahr 799 zurück. 1999 feierte Schermbeck sein 1 200jähriges Bestehen. Vor 2 000 Jahren hinterließen schon die Römer hier ihre Spuren und bauten einen Grenzwall zwischen Lippe und dem freien Germanien. Diese Verteidigungslinie mit mehreren Wällen und Gräben besteht teilweise heute noch. Schermbeck ist auch ein Naherholungsort für das Ruhrgebiet. An Wochenenden werden der Ort und der nahe Dämmerwald gern von Ausflüglern besucht. In meiner Freizeit, die ich gern mit Stresendorf teile, fahre ich oft mit dem Fahrrad in den Wald und habe schon so manchen Hirsch gesehen, besonders im September zur Hirschbrunft.

Nun sollte es losgehen. Zuerst mußten wir uns aber die nötigsten Maschinen beschaffen. Die besorgten wir uns in Schermbeck von einer Hofauflösung. Am Donnerstag, dem 27. August '91, fuhren wir morgens aus Schermbeck los. Die Überfahrt mit dem Traktor nach Mecklenburg schildert der nebenstehende Zeitungsbericht.

Am Freitag, dem 28. August, kamen wir abends um 21.20 Uhr ohne Zwischenfälle, bis auf ein Strafmandat, auf dem elterlichen Hof an. Am Samstagmorgen passierte mir dann doch noch ein Mißgeschick. Beim Abladen des Düngerstreuers rutschte ich von der Seitenwand des Hängers ab und sprang auf die betonierte Mistplatte, leider ohne Mist. Ich verstauchte mir den linken Fuß, der sofort anschwoll. Gebrochen war Gott sei Dank nichts, aber ich mußte eine Woche aussetzen und das Bein kühlen und hochlegen. Zu allem Übel begann auch am Montag wieder der Unterricht nach den Sommerferien.

Aber es ging nicht. Der Fuß sah furchtbar aus. Die Zehen waren so dick wie kleine Würste. Ich ging zu meinem Hausarzt. »Sie müssen liegen und das Bein hochlegen, die ganze Woche. Wenn Sie damit arbeiten gehen, können Sie das Bein verlieren«, sagte er. Das genügte und machte mich nachdenklich.

Hier wird der Hänger zur großen Reise nach MV vollgeladen

In den Herbstferien, Oktober '91, fuhren Thorsten und ich wieder rüber, um die alte Drillmaschine von dem erwähnten Hof in Schermbeck hinzubringen. Wir liehen uns einen Autoanhänger und luden die Drillmaschine auf. Von dem Bauern liehen wir uns den alten Mercedes, der auch schon in die Jahre gekommen war, hängten den Hänger daran und ab ging die Fahrt. Es war ein Freitagnachmittag, die Herbstferien hatten gerade begonnen, und die A 1 war dementsprechend voll. An den Steigungen wurden wir laufend von den Lkw überholt. Die alte »Mühle« konnte nicht mehr mithalten. In Hamburg-Stillhorn verpaßten wir die Abzweigung zur A 24 Richtung Berlin. So landeten wir am späten Abend mit unserer Drillmaschine auf dem Straßenstrich, bis wir endlich die A 24 wiederfanden. Nachts kamen wir dann endlich in Stresendorf an.

Treckerüberfahrt nach Mecklenburg, 29. Aug. 1991, vgl. Zeitungsbericht vom 28. Sept. 1991

Diesmal schaffte ich es, Mühlheide zu pflügen, zu eggen und einzusäen. Als ich am Ende der Woche den Roggen eindrillte, kam ein Stresendorfer mit dem Fahrrad vorbei. »Wat sall dei Speelkram?« sagte er. Wir wurden nicht mit offenen Armen empfangen. Immer wieder wurde betont, was doch die LPG geleistet habe. Ich will deren Leistungen gar nicht schmälern, aber man muß bedenken, daß sie das Land der Bauern, die ja zwangsweise in die LPGn getrieben wurden, fast 30 Jahre bewirtschafteten, ohne Pacht dafür zu bezahlen.

Am Sonntag fuhren wir wieder mit dem Mercedes und dem Hänger zurück. Zurück geht's bekanntlich immer etwas schneller. Und so fuhren wir, statt der erlaubten 80 km/h 110. Aber wir hatten »unserem« alten Mercedes doch wohl etwas zuviel zugemutet. Von der Kühlerhaube lief dicker, gelber Brei herunter. Was war das bloß? Wieder waren wir in Hamburg-Stillhorn.

Treckerfahrt bis nach Mecklenburg

Familie will auf alten Familienhof zurück

SCHERMBECK. Was hat ein Stau auf einer Kraftfahrstraße hinter Münster mit der deutsch-deutschen Wiedervereinigung zu tun? Eine ganze Menge – und das kam so:

Über dreihundert Jahre lebte die Familie Holm im mecklenburgischen Stresendorf, ein kleines Nest im heutigen Kreis Parchim, auf einem kleinen Hof, 30 Hektar Ackerland dazu. 1953 Flucht nach Westen. Eines jener berüchtigten Agrar-Imperien, die LPG Wulf-Stahl, verleibte sich den

Familienbesitz ein. Zwar hielten die Holms Kontakt, fuhren regelmäßig 'rüber. Daß sie ihr Eigentum aber mal wiederkriegen würden, daran haben sie nicht geglaubt.

„Und dann kam alles ganz spontan", erinnert sich Vater Franz Holm, Jahrgang 35. Zur Währungsunion fuhr das Familientrio wieder nach Stresendorf, hat „mal vorgefühlt", und Eigentums-Ansprüche geltend gemacht. Bis das Verfahren in zwei Jahren abge-

schlossen ist, haben die Holms ihr Land erstmal gepachtet, damit nichts dazwischenkommt. Schon im letzten Oktober haben sie ihr Land selbst bewirtschaftet, allerdings mit geliehenen Maschinen.

Familiensproß Thorsten (21) hat sich mittlerweile in den Kopf gesetzt, den Hof zu übernehmen. Der gelernte Außenhandelskaufmann will in Mecklenburg zunächst im alten Beruf bleiben und den Hof aufbauen. Dazu braucht er eigene Maschinen, die sich infolge Auflösung eines Hofs in Schermbeck günstig anboten. 1 350 Mark wollte die gesamtdeutsche Bundesbahn für den Transport. Ziemlich viel. „Dann", entschied Franz Holm, „fahren wir selbst."

Start am 29. August, morgens acht Uhr. Sohn Thorsten fährt mit dem Trecker vor, Vater Franz folgt per Pkw, verpaßt aber den Treffpunkt in Münster. Thorsten ist längst auf einer Kraftfahrstraße, zieht eine lange Autoschlange hinter sich her. Bis ihn die Polizei anhält. „Wo wollen Sie denn hin?" fragen die Beamten und fühlen sich verschaukelt, als Thorsten sagt, nach Mecklenburg. 40 Mark Geldbuße.

37,5 Stunden später – 23 davon reine Fahrzeit – kommt Thorsten auf dem Erbhof an. 90 Liter Benzin hat der Trekker geschluckt. Das Projekt „Schermbeck goes Mecklenburg" hat wieder eine Hürde genommen. **LuB.**

VIEL PAPIERKRAM muß die Familie noch bewältigen. Vor allem mit der „Treuhand".   waz-Bild: Peter Vogt

Wir hielten an der Tankstelle an und besahen uns den Schaden. Es war das Frostschutzmittel, das mit dem heißen Kühlwasser nun überkochte. Nach einer Pause ging's weiter, diesmal aber etwas ruhiger.

Ab 1992 hatte ich wieder den ganzen Acker unter dem Pflug. Von der LPG ließ ich das Korn mähen und abfahren, den Acker bestellte ich jetzt selbst. So pendelte ich nun ständig zwischen Ost und West, immer wenn Arbeit anstand. In den Ferien ging es ja, aber an Wochenenden, oft mit Stau auf der Autobahn, war es hart.

Da ich nicht ständig vor Ort sein konnte, gab es in der Feldbestellung natürlich auch Probleme. Beim Roggensäen im Herbst und beim Düngen im Frühjahr mußte ich mich nach den Ferien richten. Das Spritzen besorgte der Agro-Service. In den ersten Jahren nach der Wende ließ auch noch die LPG spritzen, die kam natürlich zuerst dran. Eh ich dann einen Termin bekam, war es häufig schon zu spät. Heutzutage spritzt mein Sohn selber.

Holm senior, Nebenerwerbslandwirt in Stresendorf, August 1992

Meine Frau Annelies plagt sich mit dem Stroh ab, August 92

In den ersten Jahren nach der Wende waren die Vorurteile auf beiden Seiten groß. Hier im Westen konnten sich viele nichts Richtiges unter der LPG vorstellen. Ein Beispiel soll die Unwissenheit verdeutlichen: »Franz, du kannst doch den Leuten, die auf deinem Hof wohnen und das Land 40 Jahre lang bewirtschaftet haben, es nicht einfach wegnehmen!« Dabei sollte doch allgemein bekannt sein, daß die Leute, egal, wo sie im Dorf wohnten, und egal, ob sie Bauer, Büdner oder Häusler waren, alle LPG-Arbeiter waren. Seit 1961 gab es in der DDR keine selbständigen Bauern mehr.

Drüben hörte ich immer wieder Klagen: »So haben wir uns das ja doch nicht vorgestellt. Unser ganzes Geld ist weg. Wir sparen nicht mehr.« Es wurde allgemein bedauert, daß nicht das ganze Geld eins zu eins umgetauscht worden war, sondern nur 6 000 DM für erwachsene Personen. Das restliche Geld wurde nur eins zu zwei umgetauscht. Dann hieß es immer: »Wir haben ja auch gearbeitet.« Die am lautesten jammerten, hatten sich aber schon einen neuen Wagen gekauft und eine neue Heizung angeschafft.

Eines Abends stoppte ein ehemaliger Stresendorfer aus dem Nachbardorf mit seinem Mercedes neben mir. Ich unterhielt mich gerade mit einem alten Bekannten. »Ein Geschenk von Kohl!« tönte es aus dem Seitenfenster heraus. Ich bemerkte: »Da sieht man, wo das Geld steckt!« Da entrüsteten sich beide: »Für die Einheit müssen wir noch 20 Jahre bezahlen!« »Ihr wolltet doch die Einheit«, warf ich ein. »Nee, wir nicht, das wollten die in Leipzig!« entgegneten sie. Aber es gab auch andere, die froh waren und sich ehrlich zur Wiedervereinigung bekannten.

»Kohls blühende Landschaften«

Es war jetzt schon das zweite Jahr nach der Wiedervereinigung. Der Aufschwung Ost ließ noch immer auf sich warten. Und Helmut Kohl, der 1992 Bundeskanzler war, hatte den Leuten in den neuen Bundesländern »blühende Landschaften« versprochen. Ich überlegte, wie ich helfen könnte.

Nach der Ernte bestellte ich mehrere Fuhren Gülle von der Schweinemastanlage in Karrenzin und ließ sie von der LPG nach Mühlheide auf die Roggenstoppel bringen.

Es war das letzte Ferienwochenende im August, und viel Zeit blieb nicht mehr. Ich mußte mich beeilen, damit ich rechtzeitig fertig wurde. So grubberte ich mit dem Stoppelgrubber »Eberhard« die Stoppeln auf Mühlheide um. Am nächsten Tag eggte ich das Feld über, und am Samstag drillte ich mit der Drillmaschine den Ackersenf ein. Sonntags fuhren wir dann wieder zurück nach Schermbeck.

Zu den Herbstferien, Oktober 1992, fuhren meine Frau und ich wieder hin nach Stresendorf. Am Sonntag, direkt nach unserer Ankunft, gingen wir nach Mühlheide. Der Ackersenf stand in voller Blüte, ein Blütenmeer in Gelb. »Kohls blühende Landschaften« ließen grüßen.

Inzwischen hat sich vieles verändert, insbesondere während der »Kohl-Regierung«. Die Programme für Stadtsanierung und Dorferneuerung zeigen ihre Wirkung. Man sieht es an den vielen neuen Dächern und Fenstern. Auch im Straßenbau wurde viel getan. Heute sehen viele Straßen in den Ortschaften der alten Bundesländer bald so aus wie ehedem in der DDR.

Nur mit den Arbeitsplätzen in der Industrie, weil die kaum im ländlichen Raum vorhanden ist, hapert es. Viele junge Leute fahren deshalb nach Hamburg oder Lübeck oder ziehen ganz weg.

Wieviel Hektar braucht der Bauer?

Zur Zeit der Großeltern reichten noch 30 ha für den Bauern mit Familie und die Altenteiler. Das reicht heutzutage schon lange nicht mehr. »Wieviel müssen es denn sein? Reichen 100 ha, oder 300 ha, oder 1000-3000 ha?« Es gibt genügend Beispiele, daß auch 3000 ha nicht reichen, wie es an den zahlreichen Insolvenzen der Großbetriebe erkennbar ist.

Nach Thorstens Lehre sollte es losgehen. Zunächst brauchten wir mehr Land, was gar nicht so einfach war. Viele ehemalige Bauern hatten ihr Land gleich nach der Wende auf 12 Jahre an die LPG verpachtet. Da war auf lange Zeit etwas »zusammengewachsen«, was ursprünglich nicht zusammengehörte.

Mittlerweile konnten wir Land dazupachten, so daß wir heute 100 ha haben. Für Ostverhältnisse ist das nicht viel, wenn man es mit den Agrargenossenschaften mit 2000-3000 ha vergleicht. Auch die meisten Wiedereinrichter haben wesentlich mehr als 100 ha. Sie hatten bessere Startbedingungen, waren von Anfang an vor Ort und hatten ihre Beziehungen, bekanntlich enorm wichtig. Außerdem bekamen sie als Wiedereinrichter ihr Vieh zurück und rückwirkend für 30 Jahre Pacht von der LPG, die das Land der Bauern bis dahin unentgeltlich genutzt hatte. Die geflüchteten Bauern bekamen nichts. Es hieß dann: »Ihr habt dafür ja den Lastenausgleich gekriegt!« Das wir aber den Lastenausgleich zurückbezahlen mußten, interessierte keinen. Wiederholt bemühten wir uns, Land zuzupachten.

Ein Beispiel soll zeigen, wie es mit der Zupacht laufen kann. Auf einem Reiterfest traf ich einen alten Bekannten: »Wie ist es? Ich würde gerne dein Land pachten.« »Bis 1996 ist es noch verpachtet«, entgegnete er, »danach kannst du es haben!«

Immer, wenn ich ihn sah, sprach ich ihn auf das Land an. Er sagte dann: »Dat kriss du!« Zwei Jahre, bevor die Pacht bei der Agrargenossenschaft endete, machten Thorsten und ich einen

Termin für den neuen Vertrag aus. Als mein Sohn dann zur Unterzeichnung zu ihm fuhr, war er zuerst nicht da. Als er dann endlich kam, sagte er zu Thorsten: »Nee, dat kann ick nich maaken. Min Dochter arbeitet bi dei Agrargenossenschaft und vorleiht suns ehr Arbeit.«

So war es bei vielen ehemaligen Bauern, deren erwachsene Kinder noch bei den Agrargenossenschaften arbeiteten und die deshalb ihr Land an sie verpachtet hatten.

Stresendorf, ein Dorf mit ehemals neun Bauernstellen, war übrigens das Dorf mit vier Wiedereinrichtern, den meisten in ganz Mecklenburg. Ich war damals einer von den ersten 25 Mecklenburgern, die vom Westen aus ihren Hof im Neben- bzw. Vollerwerb bewirtschafteten.

Mit der Milchquote hatte es am Anfang nicht geklappt, weil mein Sohn noch in der Ausbildung war und wir das nötige Land noch nicht zusammenhatten. Die eigene Scholle von 30 ha reichte da nicht mehr. Ein neuer Stall hätte auch gebaut werden müssen. Heute sind wir froh, daß es mit der Quote nicht geklappt hat, bei den Milchpreisen.

Statt dessen baute Thorsten eine Mutterkuhherde auf. Den Grundstock bildete Charlotte, ein geschenktes Kalb von seinem Lehrherrn. Er brachte es im Kofferraum in einem Sack mit, nur der Kopf guckte heraus (vgl. die Bilder auf der nächsten Seite).

Nach und nach kaufte er einige Kälber hinzu, später auch noch ein paar tragende Sterken. Mittlerweile ist es schon eine stattliche Herde und ein anerkannter Zuchtbetrieb.

Probleme hatten wir mit unserem ersten zugekauften Bullen. Thorsten nannte ihn Jumper, weil er immer über den Zaun sprang. Als er ihn verkaufen wollte, wäre es fast zur Katastrophe gekommen. Der Viehhändler war mit seinem LKW in die Koppel gefahren, und wir versuchten den Bullen in eine Fangvorrichtung zu treiben, aber er sträubte sich und schnaufte.

Unser Hof ist eine Wiese, Ende Mai 1991

Thorsten tränkt den Anfang seiner Herde, Juli 1995

Da kam Heiko mit einem Kälberstrick. Er wollte uns zeigen, wie man einen Bullen einfängt. Er ging furchtlos auf Jumper zu, vielleicht hatte er sich auch etwas Mut angetrunken, und versuchte den Strick über die Hörner zu schmeißen. Dabei rutschte er auf einem Kuhfladen aus. Blitzschnell nahm Jumper ihn auf die Hörner und warf ihn zu Boden. Wir schrien und liefen hin, Thorsten als erster mit der Mistgabel drauflos. Da rannte der Bulle weg. Heiko rappelte sich auf und kroch hinter den Zaun. Er hatte wohl einen leichten Schock und Schmerzen an der Hand und an der Brust. Ich rief einen Krankenwagen, der ihn ins Krankenhaus nach Parchim brachte. Er hatte Glück, daß er mit ein paar Prellungen davonkam.

Thorsten bunkert die Triticale vom Stücken, 30. Juli 2001

Am 1. August 1997 ging ich in Pension. Nun hatte ich noch mehr Zeit für Stresendorf. Die Ernte war reif, und der Roggen mußte runter. Also nichts wie hin. Inzwischen hatte sich Thorsten einen alten Mähdrescher besorgt, der gut und gerne seine 20 Jahre auf dem Buckel hat, aber er läuft noch immer. Dafür sorgt dann Adolf, der das eine oder andere Teil repariert. Thorsten mäht das Korn ab, und ich fahre die vollen Hänger nach

Zierzow zur Annahmestelle. Wenn's bekanntlich schnell gehen soll, dauert's gewöhnlich länger. Es war am späten Abend die letzte Fuhre. Wie gewöhnlich setzte ich die Hydraulik in Gang, um den Hänger abzukippen. Diesmal hatte ich vergessen, vorher die Seitenklappe aufzumachen. Eh ich mich versah, lag der vollbeladene Hänger auf der Seite. Gott sei Dank kriegte ich die Seitenverschlüsse auf. Herr Bartels von der Agro-Service richtete dann mit seinem Kran den Hänger wieder auf. So konnte ich wieder nach Hause fahren. Nach der Ernte und nachdem der Acker schwarz gemacht worden war, fuhren meine Frau und ich wieder nach Schermbeck zurück. Meistens blieb die Frau dann da, und ich fuhr Mitte September wieder zur Herbstbestellung hin. Gerade noch rechtzeitig, um das Erntefest mitzufeiern (Vgl. Bilder auf folgenden Seiten).

Die Windmühle wurde viel bestaunt, Sept. 2001

Erntefest in Stresendorf, 29. Aug. 1998

Gruppenbild, das ganze Dorf feiert mit.

Aller Anfang ist schwer

Zum 1. Oktober 1996 erfolgte die Hofüberschreibung. Thorsten trat ein schweres Erbe an. Der alte Viehstall war zu DDR-Zeiten abgerissen worden. Der Schweinestall war alt und gebrechlich und drohte einzustürzen. Die Scheune, auch schon 60 Jahre alt, hatte einigermaßen überdauert.

Da im Haus alles total verwohnt war, mußte ich viel investieren. Zuerst ließ ich neue Fenster einsetzen, da die alten alle undicht waren. Das Dach und die beiden Schornsteine wurden ebenfalls erneuert. Auch die Stromleitungen und den Wasseranschluß ließ ich neu legen. Ohne Kredite war das nicht möglich. Nach der Hofübergabe ging es mit den Kosten weiter: rückwirkende Beitragszahlung für die landwirtschaftliche Berufsgenossenschaft, Rückzahlung des Lastenausgleichs, Rückzahlung der Altschulden von 1939, obwohl ein Teil schon bezahlt war, aber nicht mehr belegt werden konnte.

Viel Ärger hatten wir auch mit der landwirtschaftlichen Altersversicherung, die wir nachzahlen sollten, obwohl ich schon in Pension war. Die Zahlung konnten wir aber abwenden. Alles, was Thorsten an staatlicher Hilfe erhielt, waren die 23 500 DM für Jungunternehmer. Damit konnte man keine großen Sprünge machen, aber wir schafften es nach und nach.

Zuerst richtete er die Scheune als Stall her. Das reichte bald nicht mehr für die größer werdende Mutterkuhherde. So baute er im Jahr 2000 einen Laufstall fast im Alleingang. Die letzten Jahre kamen noch Schweinezucht und Kartoffelverkauf ab Hof hinzu. Im Winter verkauft er auch Schweinehälften ab Hof. Dann veranstaltet er auch zusammen mit dem Gastwirt in Ziegendorf ein Schlachtefest, das gut angenommen wird (vgl. nebenstehenden Zeitungsartikel).

Inzwischen hat Thorsten auch neue Maschinen angeschafft. Ja, er arbeitet viel, und die Landwirtschaft macht ihm Spaß.

Das steckt im Blut. Leider stimmen die Preise in keinster Weise, und es braucht schon viel Idealismus und Fantasie, um zu bestehen.

Frische Wurst kringelweise verkauft

Schlachtefest in Ziegendorf gut besucht / Bewährte Veranstaltungen auch 2005

Ziegendorf • Bereits zum achten Mal hatten am Sonnabend Gastwirt Bernd Maschke und Landwirt Thorsten Holm zum Schlachtefest nach Ziegendorf eingeladen. Die zahlreichen Gäste kamen zum Teil von weit her: „Das lassen wir uns doch nicht entgehen", so ihr Kommentar.

Mittagszeit im „Apricot": Die Gaststätte im Ziegendorfer Ferienpark ist an dem Sonnabend bis auf den letzten Platz gefüllt. Viele Gäste genießen bereits die Leckereien vom Buffet: Mecklenburger Rippenbraten, Spanferkel und Buletten, Grünkohl, verfeinerte Wurstbrühe, viele Sorten Wurst dazu – es kann nach Herzenslust gefuttert werden. So, wie viele der Gäste es zum Teil auch noch aus früheren Jahren von zu Hause her kennen. Im „Apricot" wird schon zum achten Mal Schlachtefest gefeiert.

Helmut Rossow ist extra etwas früher gekommen. „Beim letzten Schlachtefest habe ich nichts mehr abgekriegt", sagt der Ziegendorfer. Dafür kauft er nun umso mehr. Gleich mit für die Tochter, die in Nürnberg

wohnt, und schon bald einen deftigen Gruß aus der Heimat bekommen soll. „Ich mag Hausgemachtes. Ich kenne die Hausschlachtung noch aus der eigenen Familie. Bis Mitte der 80er Jahre haben wir selbst geschlachtet. Da kennt und liebt man diesen besonderen Geschmack", sagt Helmut Rossow.

Rind und Schwein extra fürs Fest geschlachtet

Aber auch Linus Wilke aus Wittenförden hat bereits seine „Spezialität" entdeckt. „Ich mag gern Salami und Teewurst", meint der Neunjährige und bittet seinen Vater Knut, doch noch ein Stück von der Rindersalami zu kaufen. Der Stresendorfer Landwirt Thorsten Holm, der im Eingangsbereich den Verkauf der Schlachtefestprodukte betreut, hat alle Hände voll zu tun. Ein herrlich würziger Duft kommt von seinem Stand her. Sechs Sorten Wurst, Speck und Schinken sowie lose Grützwurst sind im Angebot. Holm und Gastwirt Bernd Maschke, der die Wurst selbst herstellt, haben zwei Wochen lang in den Vorbereitungen gesteckt. „Es wurden 200 Kilogramm Schwein verarbeitet, dazu noch Fleisch vom Rind, welches Bauer Holm ebenfalls eigens für das Fest geschlachtet hat", weiß Maschke.

Nach alten Rezepten werden die verschiedenen Wurstsorten produziert und dann geräuchert. Allein die Rindersalami hängt eine Woche lang, bevor sie den typischen Geschmack entwickelt. „Mit der Schinkenherstellung haben wir natürlich viel früher angefangen, das war schon nach dem letzten Schlachtefest", erinnert sich der Gastronom.

Selbstgebackenes Kartoffelbrot und Streuselkuchen runden die Offerte ab. Dann gibt es auch noch Marmelade, ein ganz neues Produkt im „Apricot". Nach einem durchwachsenen Jahr ist Bernd Maschke recht froh, die nicht so guten Wochen genutzt zu haben für die Umsetzung neuer Ideen. Sieben Sorten des süßen Brotaufstrichs haben er und seine

Frau inzwischen hergestellt – je nach dem, welches Obst gerade verfügbar war.

Nach dem schon gut gebuchten Jahreswechsel will sich der Gastwirt erst einmal in bisschen Urlaub gönnen – den ersten richtigen nach fünf Jahren. Dann geht es in seinem Gasthaus mit den bewährten Angeboten und Veranstaltungen weiter. **Barbara Arndt**

Landwirt Thorsten Holm (r.) hatte am Wurststand kaum eine ruhige Minute. Zum Teil kringelweise gingen die hausgemachten Wurstsorten weg. Foto: Arndt

Thorsten wohnte nun schon zwei Jahre in Stresendorf auf unserem Hof als Junggeselle. Er brauchte eine Bäuerin. Die Beziehung zwischen Verena und ihm war in die Brüche gegangen. Die kleine Laura, die aus dieser Beziehung hervorging, ist inzwischen acht Jahre alt und besucht regelmäßig ihren Vater. In den Herbstferien, Oktober '97 fuhr ich wieder hin, um zu helfen. Jetzt mußte ich auch noch kochen, wovon ich allerdings auch nicht viel Ahnung hatte, und immer nur Spiegeleier und Bratkartoffeln geht nicht auf Dauer. So schmorte ich denn am Sonntag Schweineschulter, gleich für zwei Tage. Dabei hatte ich ordentlich Margarine und Zwiebeln zum Anbraten in den Bräter gegeben. Ich ließ es dann zwei Stunden schmoren. Es schmeckte auch gut. Aber es war wohl zuviel des Guten, denn kurze Zeit später hatten wir beide Durchfall. Am nächsten Tag, als ich den Braten aufwärmen wollte, sah ich, woran es gelegen haben könnte. Auf der Soße hatte sich eine zwei Zentimeter dicke Fettschicht mit den glasierten Zwiebeln gebildet. Es half nichts, Annelies mußte mit der Bahn nachkommen. Ohne Frau auf dem Hof geht es eben nicht.

Sylvester '97 lernte Thorsten Heike aus Marnitz kennen, einem Dorf direkt hinter den Ruhner Bergen. Heike und ihre Tochter Lydia lebten sich sehr gut in Stresendorf ein. Am 9. 9. 99 heirateten Thorsten und Heike. Es war eine sehr schöne Hochzeitsfeier. Zum Polterabend war das ganze Dorf eingeladen. Das Wetter war sehr heiß, 28°C, und so wurde bis in die Nacht hinein gefeiert. Am 29. März 2000 wurde Annemarie Lucie geboren und am 24. April 2003 Johann Christian. Ob der auch noch Bauer wird, weiß man nicht.

Thorsten und Heike, Hochzeit am 9 .9. 1999

Annemaries Taufe, 27. Aug. 2000 in der Kirche zu Herzfeld

Bei der Kommunalwahl im September 1999 wurde Thorsten als CDU-Kandidat in den Gemeinderat und zum stellvertretenden Bürgermeister gewählt. Die Zusammenarbeit mit dem Bürgermeister Friedrichs von der PDS klappte ganz gut.

Außerhalb der Arbeitsspitzen baute Thorsten ständig den Hof aus. Zuerst die Maschinenhalle, danach pflasterte er die Hofeinfahrt. Dann legte er den Fahrweg über den Hof mit Zementplatten, die er sich aus Armeebeständen der NVA aus Schwerin besorgte, aus. Anschließend baute er den Laufstall (vgl. Abb.) für die Mutterkuhherde weiter aus, und der alte Schweinestall erhielt ein neues Dach. So ist er ständig am Bauen. Arbeit ist genug da.

Im November 2000 wurde das Ehrendenkmal, das um die Opfer des 2. Weltkriegs erweitert worden war, eingeweiht. Ebenfalls eingeweiht wurde der sanierte Glockenturm von 1791 (vgl. nebenstehenden Zeitungsbericht).

So ist nun unsere Familie in alle Winde verstreut. Unser ältester Sohn wohnt mit seiner Familie in Freiburg im Breisgau.

Die Tochter wohnt in Mülheim a. d. Ruhr, und Thorsten ist in Mecklenburg auf dem Hof in Stresendorf.

Um in den Arbeitsspitzen zu helfen, pendeln meine Frau und ich mehrmals im Jahr nach Stresendorf. So kamen in den ersten Jahren gut 10 000 km pro Jahr zusammen. Die Heuernte lasse ich in den letzten Jahren aus. Dann hilft Heike beim Heuwenden. Ebenso hilft sie auch beim Kartoffelernten und -sortieren.

Wie schon erwähnt, fahre ich jeden Herbst wieder hin zur Herbstbestellung. Dann bin ich auch zum Tag der Deutschen Einheit noch da. Die Feier beginnt abends, wenn es dunkel wird, mit einem Fackelzug durch das Dorf. Danach zündet die Feuerwehr eine Pyramide aus Kiefernstangen an. Danach ißt man geräucherte Forellen oder Bockwurst. Die jungen Leute trinken ihr Bier draußen am Lagerfeuer.

Oma Annelies u. Annemarie, Aug. 02. hi. re. der Laufstall

Oma Annelies, Johann, Annemarie u. Laura, Sept. 2004

Montag, 27. Nov. 2000

An Opfer des Krieges in Stresendorf erinnert

Denkmal erweitert / Glockenturm geweiht

Stresendorf • Über 30 Stresendorfer haben sich am Sonnabend am Gefallenendenkmal versammelt, um gemeinsam mit Bürgermeister Peter Friedrich die Granittafel mit den Namen der 19 Stresendorfer Opfer des zweiten Weltkrieges einzuweihen und gleichzeitig an der Weihe des sanierten Glockenturmes durch Pastor Labesius teilzunehmen.

„Jeden Krieg mussten stets die Unschuldigen bezahlen", sagte der Bürgermeister. Mit dem nun hinzugesetzten Teil des Denkmals wolle man bewirken, „das Andenken zu erneuern und es in Zukunft zu wahren". Die Spendensammlung in der Gemeinde habe ein „hervorragendes Ergebnis" erreicht. Als Peter Friedrichs Stellvertreter Thorsten Holm die Aufstellung des neuen Denkmalteils 1999 als Idee an ihn herangetragen habe, sei es für den Bürgermeister Verpflich-

tung gewesen, diese umzusetzen: „Ich muss mich für meine Vorgänger entschuldigen, die dies in 55 Jahren nicht geschafft haben."

Zur Ehre der Kriegsopfer – neben Soldaten befindet sich unter ihnen auch eine Zivilistin, die in den Nachkriegstagen von den Russen erschossen wurde – läutete die 482 Jahre alte Glocke in dem für 29.000 DM sanierten Turm. Die jüngere Glocke von 1704 wurde im Krieg eingeschmolzen. Pastor Labesius dazu: „Mit der Enthüllung gedenken wir unserer gefallenen Brüder. Wenn wir gleichzeitig an den Verlust einer Glocke erinnern, dann hängt das beides zusammen mit dem unseligen Krieg, der Millionen Menschen das Leben gekostet hat. Wenn die christlichen Symbole vernichtet werden, dann spielt auch das Leben des einzelnen Menschen keine Rolle mehr."   I.B.

Pastor Labesius spricht zu den Stresendorfern, die am Sonnabend zum Gefallenendenkmal gekommen waren. Geweiht wurde an diesem Tag außerdem der Glockenturm.   Fotos: Baatz (3)

Wir älteren sitzen dann in der Feuerwehrhalle, und die alten Schulkollegen schmeißen ein paar Runden. Die Frauen trinken dann ein Glas Wein. Dann singen wir die alten Lieder, z.B. „Es steht eine Mühle im Schwarzwälder Tal ...", wie wir sie früher abends unter dem alten Kastanienbaum im Dorf gesungen haben. Oder wir erzählen von früher: „Weißt Du noch, als wir dem Lehrer Geß weggelaufen sind?"

Am nächsten tag gehts wieder 480 km zurück nach Schermbeck, bis zum nächsten Jahr! Und so Gott will noch ein paar Jahre mehr.

Die Freiburger Holms zu Besuch, 27. Sept. 2003, li. am Tisch: Marina, Salome, Simeon u. hi. Volker

Literatur und Quellenangabe

Mecklenburgische Volkskunde, Hrsg. U. Bentzien u. S. Neumann, VEB Hinstorff-Verlag Rostock, 1988

W. v. Bülow: Mecklenburg-Vorpommern – ein Geschenk der Eiszeit, cw Verlagsgruppe, Schwerin 2001

Die Geschichte Mecklenburgs, Hinstorff Verlag GmbH, Rostock 1993

Der 17. Juni 1953 in Mecklenburg und Vorpommern, Reihe Geschichte MV, Nr. 4, Hrsg. Friedrich-Ebert-Stiftung, Landesbüro MV, Schwerin 1995

Mecklenburg-Vorpommern, Land am Rand – für immer? Reihe Geschichte MV, Nr. 5, Hrsg. Friedrich-Ebert-Stiftung, Landesbüro MV, Schwerin 1996

B. Keuthe: Aus der Geschichte von Wulfsahl, Ausgabe 2003

550 Jahre Repzin, Dorfchronik

600 Jahre Stresendorf

600 Jahre Ziegendorf

650 Jahre Menzendorf

Die Bauern des Amtes Neustadt in Mecklenburg im Jahre 1690, in: Der deutsche Roland, 19. Jahrg., Heft 5/6, 1931

Beichtkinderverzeichnis von 1704

Auszüge aus kirchlichen Unterlagen über die Stresendorfer Glocken

Geschichtliche Daten aus dem Archiv Grabow

Mecklenburgisches Urkundenbuch, Band 21

Die Lewitz – ein mecklenburgisches Tierparadies, in: Mecklenburg, Zeitschrift für Mecklenburg. 30. Jahrg., Nr. 1, Jan. 1988

Vom Glockenturm in Stresendorf, von Joh. Gosselck in Mecklenburg, Zeitschrift für Mecklenburg-Vorpommern, 35. Jahrg., Heft Nr. 6, Juni 1993

Frühjahr 1952 begann die Bauernflucht, aus: Ruest: Vom Werden u. Vergehen meines Heimatdorfes, zusammengestellt von

Johann Georg Nehls in: Mecklenburg, Zeitschrift für Mecklenburg-Vorpommern, 38. Jahrg./Hamburg, Heft Nr. 2, Februar 1996

Bedanken möchte ich mich bei Herrn Ralf Menning, der mir seine Unterlagen über Stresendorf freundlichst zur Verfügung stellte.